Witwenrente

Der Renten- und Finanzratgeber für Hinterbliebene

Inga Krauss

WOLTERS KLUWER | STEUERTIPPS

Postfach 10 01 61 · 68001 Mannheim
Telefon 0621/8626262
Telefax 0621/8626263
www.steuertipps.de

2. aktualisierte Auflage

Stand: Juli 2025

Zum Zwecke der besseren Lesbarkeit verwenden wir in diesem Ratgeber allgemein die grammatisch weibliche Form. Selbstverständlich meinen wir aber bei Personenbezeichnungen immer alle Menschen unabhängig von ihrer jeweiligen geschlechtlichen Identität.

Redaktion: Dr. Torsten Hahn, Benedikt Naglik

Juristisches Lektorat: Anna Kiehl – Kanzlei Henkelfrau

Geschäftsführer: Christoph Schmidt, Stefan Wahle

Layout und Umschlaggestaltung: futurweiss kommunikationen, Wiesbaden

Bildquelle Cover: ©Ralf Geithe – shutterstock.com

Bildquellen Inhaltsbilder: © Wolters Kluwer Steuertipps GmbH 2024

Printed in Poland

ISBN 978-3-96533-450-2

Vorwort

Warum ist das alles nur so kompliziert? Wie viel darf ich anrechnungsfrei dazuverdienen? Wieso wird die Hinterbliebenenrente eigentlich gekürzt? Welches Einkommen wird angerechnet oder besser gesagt, welches Einkommen wird nicht angerechnet? Gibt es überhaupt anrechnungsfreies Einkommen? Wird meine Witwenrente gekürzt, wenn ich einen zusätzlichen Minijob annehme? Wie viel Geld muss ich monatlich für die Steuer zurücklegen? Wie kann ich in der ganzen Situation finanziell überleben?

All diese Fragen hast du dir schon einmal gestellt? Du fühlst dich gefangen in diesem Wirrwarr von Regelungen? Du hast längst aufgegeben, die Gesetze zu verstehen, weil die Worte darin auf »anwältisch« sind? Dann ist dieses Buch genau das Richtige für dich!

Dieser Ratgeber erklärt dir in einfach gehaltener Sprache die wichtigsten Grundlagen über dein neues finanzielles Leben als Hinterbliebene. Er gibt dir einen guten Einblick und ein besseres Verständnis für die Regeln der Witwenrente, Witwerrente, der Erziehungsrente, der Halbwaisenrente und es erklärt, was es mit dem Unterhaltsvorschuss auf sich hat. Hier lernst du alles über das Deutsche Rentensystem, was für Hinterbliebene lohnenswert ist zu wissen, ohne die komplizierten Gesetzestexte in allen Einzelheiten mit sämtlichen Normen und Absätzen lesen zu müssen.

In den Texten verwenden wir ganz bewusst das »du«, um einen besseren Draht zu dir, liebe Leserin und lieber Leser, herzustellen. Wir verwenden in den meisten Fällen die weibliche *und* die männliche Form, zum Beispiel Witwenrente und Witwerrente, aber manchmal kommt es vor, dass nur eine Form verwendet wird: Das ist dann die weibliche Form, da es mit über 85 % deutlich mehr betroffene Frauen als betroffene Männer gibt. Die Hinterbliebenenrenten umfassen sowohl die Witwen- und Witwerrente als auch die Halb- und Vollwaisenrente aus der Versicherung des Verstorbenen. Hinzu kommt die eher unbekannte Erziehungsrente, ebenfalls eine Rente wegen Todes, allerdings aus eigener Versicherung. Was das alles genau ist, erfährst du im weiteren Verlauf des Buches. Die gesetzliche Rente und die Hinterbliebenenrenten sind sehr komplexe Themen und es ist wenig zielführend, jedes Detail aufzuführen und zu kennen. Dieses Buch ist als Grundlagen-Buch zu verstehen, sozusagen **als umfassendes Erste-Hilfe-Paket für eine außergewöhnliche Situation.**

Dieser Ratgeber soll also Betroffenen einen einfach zu lesenden Wegweiser bieten, mit der neuen finanziellen Situation als Verwitwete gut leben zu können. Er gibt neben einigen Grundlagen und spezifischem Hintergrundwissen viele praktische Lebenshilfen für Betroffene. Er soll zudem dieses komplexe rechtliche Thema Hinterbliebenenrente in einfachen Worten verständlich machen, denn der Ratgeber wurde von einer **Betroffenen geschrieben und von einer Anwältin rechtlich geprüft.** Die Betroffene bin ich, **Inga Krauss.** Ich bin mit nur 40 Jahren unerwartet, aber nicht plötzlich zur alleinerziehenden Witwe geworden. Ich bekam schreckliche Existenzängste und verzweifelte daran, dass mir niemand so recht die Regeln meines neuen finanziellen Lebens als Witwe erklären konnte. Inzwischen schreibe ich nach **»Wenn der Tod dazwischenkommt«** mit diesem Buch bereits mein zweites Buch und ersten reinen Ratgeber. Ich führe die Facebook-Gruppe meiner Initiative ***Gerechte HinterbliebenenRente – verwitwet leben*** und meine Webseite www.verwitwet-alleinerziehend.de, um eben solche Betroffenen, wie ich es damals war, abzuholen und aufzuklären. Wenn also im Ratgeber von »ich« die Rede ist, meine ich, Inga Krauss, mich damit. Die Anwältin ist **Anna Kiehl, geborene Henkelmann alias Henkelfrau.** Sie hat sich das Ziel gesetzt, Eheverträge von der schweren »anwältischen« Sprache in ein leichtes und tatsächlich lustiges Deutsch zu »übersetzen«. Sie hat den Inhalt rechtlich auf Herz und Nieren geprüft und wichtigen Input gegeben. Es ist eine fast zwangsläufige und sehr schöne Fügung, dass wir zusammengefunden haben und dass der Verlag Wolters Kluwer Steuertipps dieses Projekt so wunderbar unterstützt.

Apropos Frauen … Fangen wir doch gleich mal mit ein paar Zahlen zu den Hinterbliebenenrenten an:

Von derzeit rund 5,2 Millionen Empfängern von Hinterbliebenenrenten sind insgesamt mehr als 4,4 Millionen Frauen und nur rund 750.000 Männer. In Prozent ausgedrückt gibt es 85,6 % Witwen und 14,4 % Witwer. Dazu kommen etwa 6.000 Frauen, die Erziehungsrente beziehen, wohingegen nur 862 Männer Erziehungsrente beziehen. Alle diese Zahlen wurden von der Deutschen Rentenversicherung mit Stand 31.12.2023 Ende Juni 2024 veröffentlicht und beziehen sich auf das darauffolgende Rentenjahr 2024/2025.

Die Witwenrente ist also ein weibliches Thema, denn in 85,6 % der Fälle stirbt der Mann zuerst. Erklärungen dafür könnten sein, dass Männer in vielen Ehen älter sind und Frauen zusätzlich eine längere Lebenserwartung haben. Männer leben auch gefährlicher und gehen seltener zum Arzt oder erst dann, wenn es zu spät ist.

Grundsätzlich gilt: Frauen und Männer sind bei den Renten wegen Todes seit 1986 gleichberechtigt. Das Gerücht, Männer bekämen keine Witwerrente, ist falsch. Dass die Witwenrente dennoch ein weibliches Thema ist, ist bei den sogenannten Nullrenten gut zu erkennen. Nullrenten sind Hinterbliebenenrenten, die im Anspruch vorhanden sind, die aber nicht zur Auszahlung kommen. Gründe hierfür sind a) der niedrige Rentenanspruch und/oder b) das eigene Einkommen, welches so hoch ist, dass die Rente schlussendlich auf null Euro gekürzt wird.

Schauen wir uns also die Nullrenten an: In allen Altersklassen insgesamt beziehen 433.602 Männer eine Nullrente und nur 134.121 Frauen, das sind in der Summe etwa 567.723 Nullrenten oder 10,95 % aller Hinterbliebenenrenten (s. Grafik Seite 6).

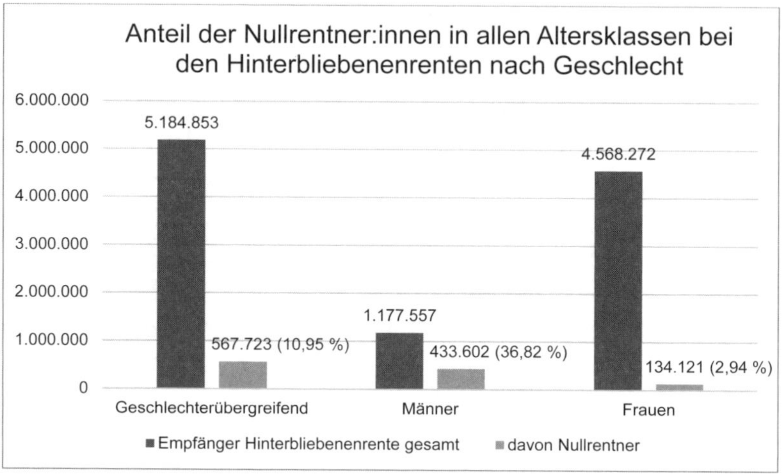

Auf der Abbildung auf Seite 7 wird klar: Während Betroffene im erwerbsfähigen Alter geschlechterübergreifend 128.953-mal eine Nullrente beziehen und damit schon bei 11,3 % des gesamtdeutschen Anteils liegen, wird der Unterschied geschlechtsspezifisch in diesen Altersklassen noch sehr viel deutlicher: Es gibt in der Summe 217.495 Witwer im erwerbsfähigen Alter. Davon beziehen 64.651 Männer eine Nullrente, also 29,7 % der männlichen Bezieher im erwerbsfähigen Alter. Bei Frauen gibt es mit 923.970 Witwen deutlich mehr Bezieherinnen von Hinterbliebenenrenten im erwerbsfähigen Alter als bei Männern. Davon beziehen mit 64.302 Frauen trotzdem fast ebenso viele Witwen wie Witwer eine Nullrente. In Prozent ausgedrückt bekommen also nur rund 7 % der bezugsfähigen Frauen im erwerbsfähigen Alter eine Nullrente. Woran liegt das? Teilzeitfalle? Ja. Auch. Vielleicht. Ungerechtigkeitsgefühl? Ja, sicher. Mangelnde Wirtschaftlichkeit von Mehr-Arbeit? Auf alle Fälle. Frauen müssen außerdem üblicherweise Care-Arbeit (dt. Fürsorgearbeit) und Erwerbsarbeit in Einklang bringen und leisten laut Zeitverwendungserhebung 2022 mit 30 Stunden pro Woche rund neun Stunden mehr unbezahlte Arbeit pro Woche als Männer (oder 1 Stunde und 19 Minuten pro Tag).

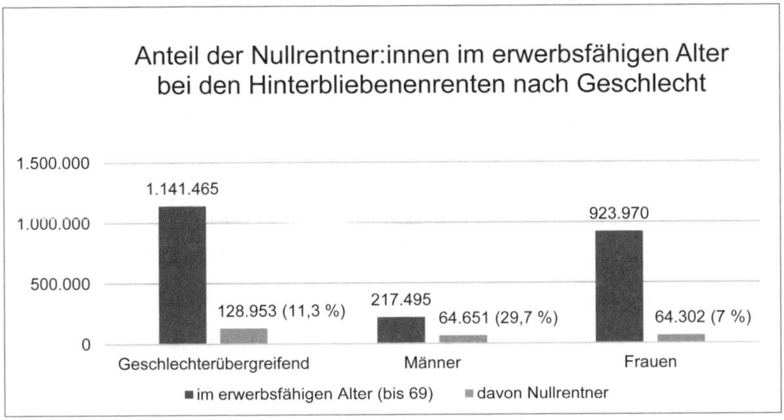

Auf das gesamte Erwerbsleben gerechnet verdienen Frauen nur etwas mehr als die Hälfte des Erwerbseinkommens der Männer (Quelle 1). Für die Nullrenten gilt vor allem, dass Männer aufgrund der Erwerbsbiografien ihrer Frauen eine in der Regel deutlich geringere Witwerrente beziehen. Für gewöhnlich leben Männer aufgrund der männlich dominierten Erwerbsarbeit in der Regel mit einem deutlich höheren Einkommen. Dieses (höhere) Einkommen lässt die sowieso schon geringe Witwerrente dann schnell auf null Euro Auszahlbetrag sinken. Deswegen kommen Nullrenten bei Witwern deutlich häufiger vor.

Ja, die Witwenrente ist ein weibliches Thema. Und die neuen finanziellen Lebensbedingungen treffen einige Frauen mit voller Härte, denn sie waren es traditionell gesehen bis dato nicht gewohnt, sich um Finanzen zu kümmern. Hier findet glücklicherweise in den jüngeren Generationen ein Wandel statt, aber in der älteren Generation – auch die älteren Frauen, die noch im Erwerbsleben stehen – kennen sich so manches Mal finanziell überhaupt nicht aus. Um diese Informationsnot zu lindern und die komplizierten Themen wie Höhen der Hinterbliebenenrente, Anrechnungen und Steuern leichter verständlich zu machen, gibt es dieses Buch.

Liebe Männer, bitte zögert nicht, dieses Buch zu lesen, denn auch um euch geht es. Trotz eingeklagter Möglichkeit der Witwerrente im Jahr 1986 seid ihr diejenigen, die oft nur wenig Hinterbliebenenrente bekommen. Oft wird der geringe Anspruch auf Witwerrente durch hohes eigenes Einkommen zur Nullrente. Warum gerade für Witwer die Erziehungsrente wichtig sein kann und was das Rentensplitting damit zu tun hat, erfahrt ihr in diesem Ratgeber.

Der CDU-Landrat Marco Prietz führte im August 2024 die rein weibliche Dienstbezeichnung mit folgender Begründung ein: »*Warum müssen nur die Frauen mit der Erklärung zurechtkommen, dass mit männlichen Bezeichnungen auch sie umfasst sind? Wir Männer können das andersherum auch mal über uns ergehen lassen, ohne dass es uns in irgendeiner Art und Weise herabsetzen würde*«. Deswegen ist die Ansprache im ganzen Buch in der **weiblichen Form** gehalten und du findest im ganzen Buch kein »man macht das so und so«, sondern nur ein »frau macht das so und so«. Aus Gründen der besseren Lesbarkeit wurde auf das Gendern verzichtet.

Und nun viel Spaß beim Lesen wünscht

Inga Krauss

Hinweis: Die Partner einer eingetragenen Lebenspartnerschaft stehen rentenrechtlich den Partnern einer gültigen Ehe gleich, selbstverständlich gilt das auch für die am 1.10.2017 eingeführte »Ehe für alle«. Ist in diesem Ratgeber von Ehepartnern oder Witwen/Witwern die Rede, gelten die Aussagen ohne jegliche Diskriminierungsabsicht, sondern aus Vereinfachungsgründen ebenso für eingetragene beziehungsweise hinterbliebene eingetragene Lebenspartnerinnen.

Inhalt

1 Renteninformation, Rentenauskunft, Kontenklärung und Rentenbescheid

Das hat fast jede von uns schon einmal in der Hand gehabt: die Renteninformation. Aber was steht da eigentlich drin? Was ist der Unterschied zwischen Renten**information** und Renten**auskunft?** Und was ist eine Kontenklärung? Du als Leserin dieses Ratgebers hast wahrscheinlich auch schon einen Renten**bescheid** bekommen oder wirst ihn bald in der Hand halten. In diesem Kapitel geht es darum, ein paar Grundsätze zu erläutern und die Unterschiede der einzelnen Schreiben von der Deutschen Rentenversicherung zu erklären.

1.1 Renteninformation

Fangen wir mit dem wohl bekanntesten Schreiben der Deutschen Rentenversicherung an: die Renteninformation. Du bekommst die Renteninformationen automatisch, wenn du mindestens 27 Jahre alt bist und fünf Jahre Beitragszeiten erworben hast. Die Renteninformation wird einmal pro Jahr versandt. Sie informiert dich über die Höhe der Rente wegen voller Erwerbsminderung, den heutigen Stand der Regelaltersrente und die Höhe der zukünftigen Regelaltersrente unter der Annahme, dass du weiterhin so verdienst wie in den letzten fünf Jahren.

Wie viel Rente du nach aktuellem Stand bekommst, steht auf der Vorderseite. Bedenke bitte auch, dass alle Beträge auf der jährlichen Renteninformation nur ein Zusammenschnitt deines bisherigen Erwerbslebens sind und dass sie alle brutto zu verstehen sind.

Von der Brutto-Rente wird bei gesetzlich Krankenversicherten noch Kranken- und Pflegeversicherung abgezogen. Freiwillig Versicherte und Privatversicherte erhalten einen Zuschuss zur Krankenversicherung, aber nicht zur Pflegeversicherung.

Die Rente ist dann noch zu versteuern.

So sieht eine **Renteninformation** aus:

Versicherungsnummer, Kennzeichen
09 040171 O 846, 4604, (000-00)

Deutsche Rentenversicherung

Bund

Abt. Versicherung und Rente

Reichsstr. 5, 07545 Gera
Postanschrift: 10704 Berlin
Telefon 0800-100048070
Telefax 0365 85 56-74111
E-Mail
drv@drv-bund.de
Homepage
www.deutsche-rentenversicherung-bund.de

Datum 02.01.2024

Deutsche Rentenversicherung Bund · 10704 Berlin

Frau
Eva Musterfrau
Ruhrstr. 2
10709 Berlin

Renteninformation 2024

Ihre Renteninformation

Sehr geehrte Frau Musterfrau,

in dieser Renteninformation haben wir die für Sie vom 01.09.1987 bis zum 31.12.2023 gespeicherten Daten und das geltende Rentenrecht berücksichtigt. Ihre **Regelaltersrente** würde am **01.02.2038** beginnen. Änderungen in Ihren persönlichen Verhältnissen und gesetzliche Änderungen können sich auf Ihre zu erwartende Rente auswirken. Bitte beachten Sie, dass von der Rente auch Kranken- und Pflegeversicherungsbeiträge sowie gegebenenfalls Steuern zu zahlen sind. Auf der Rückseite finden Sie zudem wichtige Erläuterungen und zusätzliche Informationen.

Rente wegen voller Erwerbsminderung
Wären Sie heute wegen gesundheitlicher Einschränkungen voll erwerbsgemindert, bekämen Sie von uns eine monatliche Rente von: 1.331,83 EUR **1**

Höhe Ihrer künftigen Regelaltersrente
Ihre bislang erreichte Rentenanwartschaft entspräche nach heutigem Stand einer monatlichen Rente von: 984,16 EUR **2**
Sollten bis zum Rentenbeginn Beiträge wie im Durchschnitt der letzten fünf Kalenderjahre gezahlt werden, bekämen Sie ohne Berücksichtigung von Rentenanpassungen von uns eine monatliche Rente von: 1.420,40 EUR **3**

Rentenanpassung
Aufgrund zukünftiger Rentenanpassungen kann die errechnete Rente in Höhe von 1.420,40 EUR tatsächlich höher ausfallen. Allerdings können auch wir die Entwicklung nicht vorhersehen. Deshalb haben wir - ohne Berücksichtigung des Kaufkraftverlustes - zwei mögliche Varianten für Sie gerechnet. Beträgt der jährliche Anpassungssatz 1 Prozent, so ergäbe sich eine monatliche Rente von etwa 1.630 EUR. Bei einem jährlichen Anpassungssatz von 2 Prozent ergäbe sich eine monatliche Rente von etwa 1.870 EUR.

Zusätzlicher Vorsorgebedarf
Da die Renten im Vergleich zu den Löhnen künftig geringer steigen werden und sich somit die spätere Lücke zwischen Rente und Erwerbseinkommen vergrößert, wird eine zusätzliche Absicherung für das Alter wichtiger ("Versorgungslücke"). Bei der ergänzenden Altersvorsorge sollten Sie - wie bei Ihrer zu erwartenden Rente - den Kaufkraftverlust beachten.

Mit freundlichen Grüßen

Ihre Deutsche Rentenversicherung
Bund

Bitte nehmen Sie diesen Beleg zu Ihren Rentenunterlagen.

1. Höhe der Rente bei voller Erwerbsminderung
2. Höhe der Regelaltersrente
3. Höhe der zukünftigen Regelaltersrente unter der Annahme, dass du weiterhin so verdienst wie in den letzten fünf Jahren.

Renteninformation 2024

Grundlagen der Rentenberechnung
Die Höhe Ihrer Rente richtet sich im Wesentlichen nach Ihren durch Beiträge versicherten Arbeitsverdiensten. Diese rechnen wir in **Entgeltpunkte** um. Ihrem Rentenkonto schreiben wir einen Entgeltpunkt gut, wenn Sie ein Jahr lang genau den Durchschnittsverdienst aller Versicherten (zurzeit 45.358 EUR) erzielt haben. Daneben können Ihnen aber auch Entgeltpunkte für bestimmte Zeiten gutgeschrieben werden, in denen keine Beiträge (z.B. für Fachschulausbildung) oder Beiträge vom Staat, von der Agentur für Arbeit, von der Krankenkasse oder anderen Stellen (z.B. für Wehrdienst oder Freiwilligendienst, Kindererziehung, Arbeitslosigkeit und Krankheit) für Sie gezahlt wurden. Um die Höhe der Rente zu ermitteln, werden alle Entgeltpunkte zusammengezählt und mit dem so genannten aktuellen Rentenwert vervielfältigt. Der aktuelle Rentenwert beträgt zurzeit 37,60 EUR in den alten und 37,60 EUR in den neuen Bundesländern. Das heißt, ein Entgeltpunkt entspricht heute beispielsweise in den alten Bundesländern einer monatlichen Rente von 37,60 EUR. Beginnt die Altersrente vor oder nach dem 01.02.2038, kann dies zu Abschlägen bzw. Zuschlägen bei der Rente führen.

Rentenbeiträge und Entgeltpunkte
Bisher haben wir für Ihr Rentenkonto folgende Beiträge erhalten:

Von Ihnen	44.074,09 EUR
Von Ihrem/n Arbeitgeber/n	44.329,39 EUR
Von öffentlichen Kassen (z.B. Krankenkasse, Agentur für Arbeit)	9.459,45 EUR

Für Ihre Kindererziehungszeiten wurden vom Bund pauschale Beiträge gezahlt.
Aus den erhaltenen Beiträgen und Ihren sonstigen Versicherungszeiten haben Sie bisher insgesamt Entgeltpunkte in folgender Höhe erworben: 26,1744 **1**

Rente wegen voller Erwerbsminderung
Bei einer Rente wegen Erwerbsminderung schreiben wir Ihnen zusätzliche Entgeltpunkte bis zur Vollendung eines Lebensalters von 66 Jahren und 01 Monat(en) gut, ohne dass hierfür Beiträge gezahlt worden sind. Eine Erwerbsminderungsrente wird auf Antrag grundsätzlich nur gezahlt, wenn in den letzten fünf Jahren vor Eintritt der Erwerbsminderung mindestens drei Jahre Beitragszeiten mit Pflichtbeiträgen vorliegen.

Höhe Ihrer künftigen Regelaltersrente
Zur Berechnung Ihrer künftigen Rente ermitteln wir die durchschnittlichen Entgeltpunkte für die letzten fünf Kalenderjahre. Dabei können wir für das jeweils letzte Kalenderjahr vor der Renteninformation nur einen vorläufigen Durchschnittsverdienst aller Versicherten verwenden. Der endgültige Durchschnittsverdienst weicht regelmäßig von dem vorläufigen Wert ab. Daher kann sich die ermittelte Rente im Vergleich zu Ihrer vorherigen Renteninformation auch bei gleichbleibender Beitragszahlung erhöht oder vermindert haben.

Rentenanpassung, Kaufkraft und Inflation
Die Dynamisierung (Erhöhung) der Rente erfolgt durch die Rentenanpassung. Sie richtet sich grundsätzlich nach der Lohnentwicklung, die für die Rentenanpassung - insbesondere aufgrund der demografischen Entwicklung - nur vermindert berücksichtigt wird. Die Höhe der zukünftigen Rentenanpassungen kann nicht verlässlich vorhergesehen werden. Wir haben Ihre Rente daher unter Berücksichtigung der Annahmen der Bundesregierung zur Lohnentwicklung dynamisiert. Die ermittelten Beträge sind - wie alle weiteren späteren Einkünfte (z. B. aus einer Lebensversicherung) - wegen des Anstiegs der Lebenshaltungskosten und der damit verbundenen Geldentwertung (Inflation) in ihrer Kaufkraft aber nicht mit einem heutigen Einkommen in dieser Höhe vergleichbar (Kaufkraftverlust). So werden bei einer Inflationsrate von beispielsweise 1,5 Prozent pro Jahr bei Beginn Ihrer Regelaltersrente 100 EUR voraussichtlich nur noch eine Kaufkraft nach heutigen Werten von etwa 81 EUR besitzen.

Unser Service
Haben Sie Fragen, benötigen Sie einen Versicherungsverlauf oder unseren Rat? Rufen Sie uns einfach an. Sie erreichen uns unter der kostenfreien Nummer unseres Servicetelefons 0800 100048070 von Montag bis Donnerstag von 7:30 Uhr bis 19:30 Uhr und am Freitag von 7:30 Uhr bis 15:30 Uhr. Informieren Sie sich in unseren Auskunfts- und Beratungsstellen oder im Internet und nutzen Sie dort die Services/ Online-Dienste. Auch Fragen zur staatlich geförderten zusätzlichen Altersvorsorge oder zur Grundsicherung im Alter und bei Erwerbsminderung beantworten wir gern.

Auf der zweiten Seite findest du noch die wichtige Information, **wie viele Entgeltpunkte** du bisher auf dein eigenes Rentenkonto sammeln konntest. Was genau ein Entgeltpunkt ist und was er für deine Rente bedeutet, dazu kommen wir im weiteren Verlauf dieses Buches noch.

1. Höhe der bisher gesammelten Entgeltpunkte

Mit dem Erhalt einer Renteninformation weißt du also, dass du die allgemeine Wartezeit von fünf Jahren bereits erfüllt hast, siehe Punkt 2.7 »Wartezeit und Mindestversicherungszeit«.

Die Renteninformation informiert dich leider nicht darüber, wie hoch eine Hinterbliebenenrente vor Einkommensanrechnung ist. Grob kannst du schätzen, dass ca. 55 % der Rente wegen voller Erwerbsminderung der Witwenrente oder Witwerrente nach neuem Recht entspricht. Eine Halbwaisenrente beträgt etwa 10 %, eine Vollwaisenrente etwa 20 % der Rente wegen voller Erwerbsminderung. Für eine konkrete Todesfall-Planung ist das allerdings wenig hilfreich.

1.2 Rentenauskunft

Die Rentenauskunft ist ein weit umfassenderes Schreiben der Deutschen Rentenversicherung als die zweiseitige Renteninformation. Die Rentenauskunft bekommst du unverlangt erstmals mit dem 55. Lebensjahr, du kannst sie aber jederzeit auch schon früher verlangen. Die Rentenauskunft informiert dich über deine Rentenhöhe bei einer Regelaltersrente und deinen Rentenbeginn. Sie enthält sämtliche Informationen über deine bisher berücksichtigten Wartezeiten, deine bisher gesammelten Entgeltpunkte sowie deinen gesamten Versicherungsverlauf. Die Rentenauskunft teilt dir auch mit, wie hoch die Hinterbliebenenrente vor der Einkommensanrechnung wäre. Allerdings können sowohl die Renteninformation als auch die Rentenauskunft nur so gut sein wie die Daten, welche diesen zugrunde liegen, womit wir bereits zum nächsten Punkt kommen: die Kontenklärung.

1.3 Kontenklärung

Eine Kontenklärung ist dazu da, die bei der Deutschen Rentenversicherung vorhandenen Daten zu prüfen und gegebenenfalls Lücken im jeweiligen Versicherungskonto zu schließen. Grundsätzlich brauchst – und solltest! – du aber nicht darauf warten, bis die Deutsche Rentenversicherung (DRV) dich anschreibt und zur Kontenklärung auffordert. Du kannst eine Kontenklärung jederzeit aktiv anfordern und überprüfen. Eine Aktualisierung bietet sich beispielsweise an, wenn es Umbrüche in deinem Leben gibt, zum Beispiel Krankengeldbezug oder Arbeitslosigkeit oder spätestens mit deinem nächsten runden Geburtstag. Die nächste Null ist immer ein guter Grund, um ohne Grund aktiv auf die Deutsche Rentenversicherung (DRV) zuzugehen und die Vollständigkeit deines Rentenkontos zu prüfen. Es liegt in deinem eigenen Interesse, die Daten immer mal wieder zu prüfen und auf Stand zu halten.

Wenn dein Partner oder deine Partnerin bereits gestorben ist und du schon einen Antrag auf Witwenrente oder Witwerrente gestellt hast, solltest du in diesem Zuge auch dein eigenes Rentenkonto klären lassen. Wenn dir der Bescheid über die Witwenrente erteilt wurde und dein eigenes Rentenkonto geklärt wurde, kannst du eine Auskunft über die möglichen Auswirkungen des Rentensplittings beantragen (Günstiger-Prüfung). Aber darauf kommen wir später noch einmal zu sprechen. Hat die oder der Verstorbene noch keine Kontenklärung gemacht oder sie nicht vollständig beantwortet, kommt es vor, dass du als Hinterbliebene die Lücken im Versicherungslebenslauf des Verstorbenen belegen musst, damit diese als versicherungsrechtliche Zeiten angerechnet werden können. Vielleicht musst du für die Kontenklärung deiner Partnerin oder deines Partners ein Ausbildungszeugnis von 1977 nachreichen? Dann weißt du auf alle Fälle, wie schwer eine solche Nachverfolgung viele Jahre später ist. Da Aufbewahrungsfristen mitunter schon nach zehn Jahren ablaufen, solltest du auch für dein eigenes Versicherungskonto nicht darauf vertrauen, dass schon alles in Ordnung sein wird. Auch werden Versicherungszeiten und Entgeltpunkte für die Kindererziehungszeiten oft erst mit der Kontenklärung festgestellt, aber dazu mehr im Punkt 2.9 »Kindererziehungszeiten (KEZ) und Kinderberücksichtigungszeiten (Kibüz)«.

Anträge für eine Hinterbliebenenrente dauern in der Bearbeitung mitunter viele Monate. Oft liegt das daran, dass das Konto noch nicht geklärt wurde und eben diese Versicherungslücken aus vergangenen Jahren geklärt werden müssen.

Merke: Ein vollständig geklärtes Versicherungskonto ist die Grundlage dafür, dass die spätere Rente – oder auch die Hinterbliebenenrente – korrekt berechnet werden und damit auch in richtiger und vollständiger Höhe gezahlt werden kann.

1.4 Rentenbescheid

Bevor es richtig mit den Grundlagen losgeht, zeige ich dir, wie ein Bescheid für die Witwenrente aussieht, und erläutere einige der Begriffe und Zahlen, die du vorher wahrscheinlich noch nie gesehen hast. Erfreulicherweise formuliert die Deutsche Rentenversicherung (früher als BfA, LVA oder Knappschaft bekannt) mittlerweile deutlich verständlicher. Detaillierte Erläuterungen zu den einzelnen Begriffen findest du dann in den einzelnen Kapiteln. Los geht's:

1. Gib die Rentenversicherungsnummer bei jedem Brief und jeder E-Mail an, damit die Mitarbeiter der DRV schnell die richtige Akte finden können.
2. Hier kannst du sehen, welcher Träger (DRV Bund, ein Regionalträger oder die DRV Knappschaft-Bahn-See) den Bescheid erlassen hat. Bei Fragen kannst du dich an jede Beratungsstelle der DRV wenden, unabhängig davon, welcher Träger für dich zuständig ist. Beispielsweise beantwortet die DRV Bayern-Süd deine Fragen, auch wenn eigentlich die DRV Nord zuständig ist.
3. Bist du mit dem Inhalt des Bescheids nicht einverstanden, kannst du innerhalb eines Monats Widerspruch einlegen.

   ! Bewahre den Briefumschlag auf und notiere das Eingangsdatum, falls es Probleme mit der Frist geben sollte.

4. Als Antragsdatum gilt der Tag, an dem der (formlose) Antrag bei der Deutschen Rentenversicherung eingegangen ist. Übrigens: Rentenanträge kannst du auch bei jedem anderen Sozialversicherungsträger, zum Beispiel deiner Krankenkasse, abgeben.

Deutsche Rentenversicherung Bund
Hauptverwaltung
Ruhrstr. 2
Postanschrift: 10704 Berlin
10709 Berlin [2]

*** Integration - FIKTIV ***

Versicherungsnummer [1]	Kennzeichen	Telefon	Datum
53 031184 T 515 3010	(000-01)	030 865-0	03.02.2023

Telefax
030 865-27240
Homepage
www.deutsche-rentenversicherung-bund.de
E-Mail
drv@drv-bund.de

Herrn
Mustervorname01 Mustername01
Mustergeburtsname
Ruhrstr. 2
50668 Köln

Rentenbescheid [3]

Sehr geehrter Herr Mustername01

auf Ihren Antrag vom 23.01.2023 [4] erhalten Sie von uns
große [5] Witwerrente.

Die Rente beginnt am 10.12.2022 [6].

Sie wird für die Zeit ab dem 01.04.2023 laufend monatlich gezahlt.
Die Rente für den jeweiligen Monat wird am Monatsende ausgezahlt.

Höhe der laufenden Zahlung [7]

Ihre monatliche Rente ab dem 01.04.2023		973,75 EUR
Ihr Anteil am Beitrag zur Krankenversicherung	-	71,08 EUR
Ihr Anteil am Zusatzbeitrag	-	7,30 EUR
Ihr Beitrag zur Pflegeversicherung	-	29,70 EUR
monatlicher Zahlbetrag		**865,67 EUR**

Nachzahlung
Für die Zeit vom 10.12.2022 bis zum 31.03.2023 beträgt die Nachzahlung 5.190,92 EUR [8]

Zahlungsweg
Die monatliche Zahlung und die Nachzahlung werden auf das Konto überwiesen, das Sie uns angegeben haben.

Seite 02

5. Du hast Anspruch auf die »große« Witwenrente oder Witwerrente, wenn du das maßgebliche Lebensalter (abhängig vom Geburtsjahrgang 45 + x) erreicht hast. Wenn du jünger bist, besteht

Anspruch auf die »große« Witwenrente, und wenn du ein Kind unter 18 Jahren erziehst oder erwerbsgemindert bist. Andernfalls hast du nur Anspruch auf die »kleine« Witwenrente oder Witwerrente.

6. Die Witwenrente oder Witwerrente beginnt mit dem Todestag, es sei denn, die verstorbene Person hat bereits eine Rente bezogen. In diesem Fall beginnt die Witwenrente oder Witwerrente ab dem Folgemonat. Die Auszahlung auf dein Girokonto erfolgt in der Regel am letzten Bankarbeitstag des Monats.

7. Die obere Zahl ist der Bruttobetrag deiner Witwenrente oder Witwerrente, wobei deine Einkünfte bereits berücksichtigt wurden. Es handelt sich hier also um die **gekürzte Hinterbliebenenrente.** Von diesem Betrag werden Beiträge zur Kranken- und Pflegeversicherung abgezogen (untere Zahl). Wenn du privat oder freiwillig krankenversichert bist, erhältst du einen Zuschuss zur Krankenversicherung der Rentner (KVdR-Zuschuss), jedoch keinen Zuschuss zur Pflegeversicherung.

! Als Kinder, die den Beitrag zur Pflegeversicherung mindern, gelten neben leiblichen auch Adoptiv-, Pflege- und Stiefkinder, die (zeitweise) mit dir in einem Haushalt gelebt haben. Steuern auf die Witwenrente oder Witwerrente sind hier noch nicht berücksichtigt. Das klärst du in deiner Steuererklärung. Der **monatliche Zahlbetrag** ist der Betrag, der faktisch auf dein Konto überwiesen wird.

8. Solltest du im Nachzahlungszeitraum andere Sozialleistungen wie zum Beispiel Bürgergeld erhalten haben, wird die Nachzahlung zunächst einbehalten und an den zuständigen Sozialleistungsträger abgeführt. Über die Abrechnung erhältst du einen gesonderten Bescheid. Sollte eine Restsumme übrig bleiben, wird diese später ausgezahlt.

[redacted]

Versicherungsnummer RTNR
[redacted]

Bescheid, [redacted]
Seite 2

Ihre große Witwenrente

Sie haben Anspruch auf große Witwenrente. Ihr Ehemann [redacted] ist am [redacted] verstorben. Sie

- erziehen mindestens ein Kind, das das 18. Lebensjahr noch nicht vollendet hat, oder
- sorgen für ein Kind, das wegen körperlicher, geistiger oder seelischer Behinderung nicht selbst für seinen Unterhalt aufkommen kann.

Beginn Ihrer Rente

Die Rente beginnt mit dem Todestag des Versicherten.

9

Anwendung überstaatlicher oder zwischenstaatlicher Vorschriften, Auslandsrentenrecht

Ihre Rente ist eine vorläufige Leistung nach den europäischen Verordnungen zur Koordinierung der Systeme der sozialen Sicherheit.

Sie wurde allein mit den deutschen Versicherungszeiten festgestellt. Sobald die nach den Rechtsvorschriften anderer EU-Mitgliedstaaten, EWR-Staaten oder der Schweiz zurückgelegten Versicherungszeiten bekannt sind, werden wir die Rente unter Berücksichtigung dieser Zeiten berechnen.

Berechnung Ihrer Rente

Einzelheiten zur Höhe der Rente unter Berücksichtigung des Versorgungsausgleichs und des anzurechnenden Einkommens enthält die Anlage "Berechnung der Rente".
Diese Anlage soll außerdem ein Wegweiser zu den weiteren Anlagen dieses Bescheids sein.

Da Sie in der gesetzlichen Krankenversicherung pflichtversichert sind, haben Sie einen Krankenversicherungsbeitrag aus der Rente zu zahlen. Dieser bemisst sich zum einen nach dem allgemeinen Beitragssatz, der für alle gesetzlichen Krankenkassen gilt, und zum anderen nach dem individuellen Zusatzbeitragssatz, den Ihre Krankenkasse festgelegt hat. Der nach dem allgemeinen Beitragssatz bemessene Krankenversicherungsbeitrag ist von Ihnen und uns je zur Hälfte zu tragen. Der Zusatzbeitrag ist von Ihnen allein aufzubringen.

Die Beiträge führen wir an die gesetzliche Krankenversicherung ab.

9. Hat dein verstorbener Ehegatte auch im Ausland gearbeitet? Dann können sich weitere Zahlungen ergeben, wenn du dies im Rentenantrag angegeben hast.

[redacted]

Deutsche Rentenversicherung

Versicherungsnummer RTNR
[redacted] 01

Bescheid, [redacted]
Seite 3

Da Sie in der sozialen Pflegeversicherung pflichtversichert sind, haben Sie einen Pflegeversicherungsbeitrag aus der Rente zu zahlen, der von Ihnen allein aufzubringen ist.

Diesen Beitrag führen wir an die soziale Pflegeversicherung ab.

Nachzahlung

Einzelheiten zur Berechnung der Nachzahlung enthält die Anlage "Berechnung der Rente".

Die Nachzahlung wird überwiesen. Ansprüche anderer Stellen auf Erstattung ihrer Leistungen aus der Nachzahlung sind uns bisher nicht bekannt geworden (zum Beispiel Krankenkasse, Agentur für Arbeit, Versorgungsamt oder ähnliche Stellen).
Falls Sie für die Zeit vom [redacted] bis zum [redacted] von solchen Stellen Leistungen erhalten haben oder noch erhalten werden, bitten wir Sie, diesen Bescheid den entsprechenden Stellen unverzüglich vorzulegen.

05062202000007473-1395532-0020-007680-0013-0018
20241216_055130/R007473 /0137

10

Zahlung Ihrer Rente

Die Rente wird durch den Renten Service der Deutschen Post AG angewiesen.

Wir bitten Sie, Änderungen der Anschrift oder des Kontos, das Ausbleiben von Zahlungen und ähnliche Sachverhalte der

Deutschen Post AG
Niederlassung Renten Service
13497 Berlin

mitzuteilen.

Die Rente wird unter folgendem Zeichen gezahlt:

PANR Postrentennummer
[redacted]

Mitteilungspflichten und Mitwirkungspflichten

11

Ich habe Einkommen neben der Rente. Muss ich das angeben?
Erwerbseinkommen, Erwerbsersatzeinkommen, Vermögenseinkommen und Elterngeld können Einfluss auf die Höhe Ihrer Rente haben. Sie müssen uns unverzüglich mitteilen, wenn Sie Erwerbseinkommen, Erwerbsersatzeinkommen, Vermögenseinkommen oder Elterngeld beziehen. Bitte teilen Sie uns auch mit, wenn Sie Erwerbsersatzeinkommen oder Elterngeld beantragen.

Erwerbseinkommen sind:

10. Die laufende Rente wird nicht direkt von der Deutschen Rentenversicherung gezahlt, sondern vom »Deutschen Post Rentenservice«. Dieser kümmert sich auch um Angelegenheiten wie eine neue Bankverbindung oder Adressänderungen.

! Stelle sicher, dass dich Briefpost immer erreicht (Namensschild vorhanden und lesbar?). Kommt beispielsweise die Rentenanpassung zum 1. Juli unzustellbar zurück, wird die Rentenzahlung ausgesetzt.

11. Melde der Deutschen Rentenversicherung rechtzeitig zusätzliche Einkünfte. Das schützt dich vor Überzahlungen und möglichen Rückforderungen. Unwissenheit schützt hier nicht vor Strafe. Die Deutsche Rentenversicherung listet alle Einkünfte auf, die sich auf die Höhe deiner Witwenrente oder Witwerrente auswirken können.

[redacted]

Deutsche Rentenversicherung

Versicherungsnummer RTNR
[redacted]

Bescheid, [redacted]
Seite 5

- Einnahmen aus Vermietung und Verpachtung, soweit diese der Besteuerung unterliegen,
- Gewinne aus privaten Veräußerungsgeschäften im steuerrechtlichen Sinne.

Vermögenseinkommen und Elterngeld teilen Sie uns bitte auch mit, wenn sie im Ausland erzielt werden.

Bitte teilen Sie uns mit, wenn ein Rentenverfahren in der gesetzlichen Unfallversicherung eingeleitet wird.

Wie weise ich mein Vermögenseinkommen nach?
Die Höhe Ihres Vermögenseinkommens weisen Sie uns bitte mit Ihren Einkommensteuerbescheiden nach.

Derzeit rechnen wir kein Einkommen an, weil nach Ihrer Erklärung oder der Bescheinigung des Steuerberaters negative Einkünfte erzielt werden.

Wir bitten Sie daher, uns den nächsten Einkommensteuerbescheid nach Erhalt unverzüglich vorzulegen.

Wir werden dann prüfen, ob die Rente unter Berücksichtigung des tatsächlichen Vermögenseinkommens rückwirkend neu zu berechnen ist. Zuviel gezahlte Beträge müssen Sie zurückzahlen.

Einkommensanrechnung mit Kinderfreibetrag - was muss ich beachten?
Der zusätzliche Freibetrag für waisenrentenberechtigte Kinder wird bis zur Vollendung des 18. Lebensjahres des Kindes berücksichtigt.

12

Der zusätzliche Freibetrag wird bis zur Vollendung des 27. Lebensjahres berücksichtigt, wenn sich das Kind in Schulausbildung oder Berufsausbildung befindet oder einen freiwilligen Dienst leistet. Dies gilt auch, wenn das Kind infolge körperlicher, geistiger oder seelischer Behinderung nicht selbst für seinen Unterhalt aufkommen kann.

Wird die Schulausbildung oder Berufsausbildung des Kindes durch Erfüllung seiner nach gesetzlichen Vorschriften der Bundesrepublik Deutschland, eines anderen EU/EWR-Mitgliedstaats oder der Schweiz bestehenden Wehr- oder Zivildienstpflicht oder eines freiwilligen Wehrdienstes als Probezeit unterbrochen oder verzögert, wird der zusätzliche Freibetrag für eine bis zur Dauer dieser Dienstpflicht auch nach dem 27. Lebensjahr liegende Zeit der Ausbildung berücksichtigt.

Sie müssen uns unverzüglich mitteilen, wenn

- die Schulausbildung oder Berufsausbildung oder
- der freiwillige Dienst

des Kindes unterbrochen oder beendet wird.

Als Ende der Ausbildung gilt zum Beispiel

0506220200007473-149542-0020-007880-0014-0016
20241216_055130/R007473 /0137

12. Bricht dein volljähriges Kind seine Schul- oder Berufsausbildung ab, informiere die Deutsche Rentenversicherung unverzüglich.

[redacted]

Versicherungsnummer RTNR
[redacted]

Bescheid, [redacted]
Seite 6

- der Abbruch der Ausbildung,
- bei Schulausbildung der Tag der Aushändigung des Abschlusszeugnisses oder Abgangszeugnisses,
- bei Berufsausbildung, Fachschule oder Hochschule der Tag der Bekanntgabe des Prüfungsergebnisses,
- der letzte Unterrichtstag, wenn keine Abschlussprüfung vorgesehen ist.

Ich verlege meinen gewöhnlichen Aufenthalt in die neuen Bundesländer. Was ändert sich bei der Einkommensanrechnung?
Bitte teilen Sie uns unverzüglich mit, wenn Sie Ihren gewöhnlichen Aufenthalt in die neuen Bundesländer verlegen. Ihr Freibetrag bei der Einkommensanrechnung verringert sich dann.

13

Ich möchte heiraten oder eine Eingetragene Lebenspartnerschaft eingehen. Wie wirkt sich das auf die Rente aus?
Die Rente endet mit Ablauf des Monats, in dem eine Ehe geschlossen oder eine Lebenspartnerschaft eingetragen wird. Sie sind verpflichtet, uns eine Eheschließung oder die Eintragung einer Lebenspartnerschaft unverzüglich mitzuteilen.

Verlegung des gewöhnlichen Aufenthalts ins Ausland - muss ich das mitteilen?
Sie müssen uns unverzüglich mitteilen, wenn der gewöhnliche Aufenthalt ins Ausland verlegt wird.

Für die Dauer eines gewöhnlichen Aufenthalts im Ausland kann sich die Rentenhöhe vermindern oder der Rentenanspruch entfallen. Außerdem können sich bei der Krankenversicherung der Rentner oder dem Zuschuss zum Krankenversicherungsbeitrag und bei der Pflegeversicherung Nachteile ergeben.

Wir empfehlen Ihnen, uns möglichst frühzeitig zu informieren, damit wir Ihnen vorher mitteilen können, ob und in welcher Höhe die Rente dann zu zahlen ist.

Welche Folgen hat es, wenn ich meine Mitteilungspflichten nicht rechtzeitig erfülle?
Wir werden den Bescheid ganz oder teilweise aufheben, sobald uns Tatsachen bekannt werden, die den Rentenanspruch oder die Rentenhöhe beeinflussen. Dies ist auch rückwirkend möglich.

Zuviel gezahlte Beträge müssen Sie zurückzahlen. Sie können größere Überzahlungen vermeiden, wenn Sie Ihre Mitteilungspflichten rechtzeitig erfüllen.

Weitere Hinweise

Zinsen
Nach § 44 SGB I besteht kein Anspruch auf Verzinsung, weil seit Eingang des vollständigen Leistungsantrags beim zuständigen Leistungsträger keine 6 Kalendermonate vergangen sind.

13. Bei einer Wiederheirat endet dein Anspruch auf Witwenrente oder Witwerrente. Allerdings erhältst du eine Abfindung in Höhe des 24-fachen Zahlbetrags der Witwenrente oder Witwerrente.

[redacted]

Deutsche Rentenversicherung

Versicherungsnummer RTNR
[redacted]

Bescheid, [redacted]
Seite 7

Die Beitragssätze in der Krankenversicherung oder der Pflegeversicherung ändern sich. Was muss ich dazu wissen?
Ändert sich

- der allgemeine Beitragssatz in der gesetzlichen Krankenversicherung oder
- der Zusatzbeitragssatz Ihrer Krankenkasse oder
- der Beitragssatz zur sozialen Pflegeversicherung,

so wirkt sich dies auf die Höhe der aus Ihrer Rente zu zahlenden Beiträge zur Krankenversicherung oder Pflegeversicherung aus. Es ist beabsichtigt, Sie über die geänderte Höhe Ihres Anteils am Beitrag zur Krankenversicherung (KV), die neue Höhe des Zusatzbeitrags oder die geänderte Höhe Ihres Beitrags zur Pflegeversicherung (PV) auf dem Kontoauszug Ihrer Bank zu informieren.

Ab wann wirkt sich die Änderung eines Beitragssatzes auf die Beitragszahlung aus meiner Rente aus?
Ändert Ihre Krankenkasse den Zusatzbeitragssatz, wirkt sich dies erst nach 2 Monaten auf die Höhe des aus Ihrer Rente zu zahlenden Zusatzbeitrags aus.

Eine Änderung des allgemeinen Beitragssatzes in der gesetzlichen Krankenversicherung oder des Beitragssatzes zur sozialen Pflegeversicherung wirkt sich dagegen ohne zeitliche Verzögerung auf die Höhe der aus Ihrer Rente zu zahlenden Beiträge zur Krankenversicherung oder Pflegeversicherung aus.

050622020007473-159552-0020-007860-0015-0016
20241216_055130/R007473 /0137

14

Kann ich eine rechtskräftige Entscheidung über den Versorgungsausgleich abändern lassen?
Die Rente wird unter Berücksichtigung eines Versorgungsausgleichs berechnet. Auch nach der rechtskräftigen Entscheidung über den Versorgungsausgleich ist eine Abänderung dieser Entscheidung durch das Familiengericht möglich, wenn sich die Versorgungsanrechte der früheren Ehegatten wesentlich verändert haben. Die Abänderung kann beim Familiengericht beantragt werden.

Mein Einkommen mindert sich oder fällt weg. Sollte ich das mitteilen?
Ihr Einkommen wird auf die Rente angerechnet. Minderungen Ihres Einkommens werden bei der jährlichen Einkommensüberprüfung zum 01. Juli berücksichtigt. Sie werden bereits ab dem Zeitpunkt der Minderung berücksichtigt, wenn das laufende Einkommen im Durchschnitt voraussichtlich um wenigstens 10 % geringer ist als das bisher berücksichtigte Einkommen. Wir empfehlen Ihnen, uns eine entsprechende Minderung des Einkommens mitzuteilen und die Einkommensbescheinigungen beizufügen.

15

Kann eine Aufteilung der Rentenanwartschaften für mich günstiger sein als meine Witwenrente?
Anstelle der Witwenrente kann möglicherweise eine Aufteilung der von Ihnen und Ihrem verstorbenen Ehemann erworbenen Rentenanwartschaften (Rentensplitting unter Ehegatten) in Betracht kommen. Dabei werden die Rentenansprüche aus der Ehezeit gleichmäßig verteilt. Der

16a

14. Der Versorgungsausgleich nach einer Scheidung ist in der Regel endgültig. Stirbt jedoch die begünstigte Person, ohne jemals Rente bezogen zu haben, oder hat sie höchstens 36 Monate Rente erhalten, werden die Auswirkungen des Versorgungsausgleichs

rückgängig gemacht (§ 37 Versorgungsausgleichsgesetz). Wenn dein verstorbener Ehegatte bereits früher mit jemand anderem verheiratet war und dabei Rentenansprüche bekommen hat, solltest du diese Regelung im Hinterkopf behalten.

15. Verschlechtert sich deine Einkommenssituation wesentlich, beispielsweise durch Arbeitslosigkeit oder Krankheit, informiere die Deutsche Rentenversicherung sofort. Du könntest dann Anspruch auf eine höhere Witwenrente oder Witwerrente haben.

16. Hier versteckt sich ein wichtiger Hinweis, der dir langfristig mehr Rente bescheren kann: Statt der hier bewilligten Witwenrente oder Witwerrente kannst du ein »Rentensplitting unter Ehegatten« durchführen und infolgedessen eine **»Erziehungsrente«** bekommen. Dass man dieses »Rentensplitting unter Ehegatten« auch als Witwen oder Witwer allein erklären kann, übersehen gelegentlich selbst Profis. Mehr dazu in den entsprechenden Kapiteln in diesem Ratgeber.

17. Unter der von dir angegebenen »persönlichen Steueridentifikationsnummer« wird die Witwenrente oder Witwerrente an dein Wohnsitzfinanzamt gemeldet. Beschäftige dich daher mit dem Thema Steuererklärung und hole dir bei Bedarf Unterstützung, zum Beispiel durch einen Lohnsteuerhilfeverein oder eine Steuerberaterin oder einen Steuerberater.

[redacted]

Versicherungsnummer RTNR
[redacted]

Bescheid, [redacted]
Seite 8

Ehegatte, der in der Ehezeit die niedrigeren Rentenansprüche erworben hat, erhält die Hälfte des Wertunterschieds. Nach Durchführung des Rentensplittings sind die von den Ehegatten während der Ehe erworbenen Rentenansprüche gleich hoch.

16b

Ein Rentensplitting ist allerdings nur dann möglich, wenn Sie selbst 25 Jahre an rentenrechtlichen Zeiten zurückgelegt haben. Als rentenrechtliche Zeit wird dabei in einem bestimmten Umfang auch die Zeit vom Tod Ihres Ehemanns bis zum Erreichen Ihrer Regelaltersgrenze mit berücksichtigt.

Die Durchführung des Rentensplittings führt zwar zum Wegfall der Witwenrente, jedoch kann das Rentensplitting günstiger sein als eine Witwenrente.

Dies kann insbesondere der Fall sein, wenn Sie

- eine Rente aus eigener Versicherung beziehen oder sobald eine solche beantragt wird oder
- mindestens ein Kind erziehen oder
- beabsichtigen, erneut zu heiraten.

Deshalb empfehlen wir Ihnen, sich an eine Auskunfts- und Beratungsstelle der Deutschen Rentenversicherung zu wenden.

Die Erklärung zum Rentensplitting kann spätestens bis zum Ablauf von 12 Kalendermonaten nach dem Sterbemonat abgegeben werden. Die Frist wird durch ein Verfahren beim Rentenversicherungsträger unterbrochen.

Muss ich meine Rente versteuern?
Ein Teil Ihrer Rente gehört zu Ihrem steuerpflichtigen Einkommen, der verbleibende Betrag ist der steuerfreie Teil der Rente.

Ob Sie für den steuerpflichtigen Teil Ihrer Rente tatsächlich Steuern zahlen müssen, können wir nicht beurteilen. Das kann nur Ihr Finanzamt prüfen. Dort wird Ihre Einkommensteuer festgesetzt, nachdem Sie eine Einkommensteuererklärung abgegeben haben. Mit Fragen zur Steuerpflicht wenden Sie sich daher bitte an Ihr Finanzamt.

Bitte benachrichtigen Sie uns, wenn Sie für die Einkommensteuererklärung eine Bescheinigung über die Höhe Ihrer Rente benötigen. Diese stellen wir Ihnen auf Wunsch gern aus.

Die von uns gezahlten Renten melden wir jährlich der Zentralen Zulagenstelle für Altersvermögen. Von dort werden die Daten an die Finanzverwaltungen der einzelnen Bundesländer übermittelt. Zu diesen Meldungen sind wir gesetzlich verpflichtet. Trotz unserer Meldung müssen Sie prüfen, ob Sie eine Einkommensteuererklärung abzugeben haben.

17

Haben Sie noch Fragen zu diesem Bescheid?
Die Mitarbeiterinnen und Mitarbeiter der Auskunfts- und Beratungsstellen der Deutschen Rentenversicherung, der örtlichen

[redacted]

Versicherungsnummer RTNR [redacted] Bescheid, [redacted]
Seite 10

18

Ihr Recht

Gegen diesen Bescheid können Sie innerhalb eines Monats nach seiner Bekanntgabe schriftlich Widerspruch erheben.

Den Widerspruch richten Sie bitte an die

Deutsche Rentenversicherung Bund
Ruhrstr. 2, Berlin-Wilmersdorf
(Postanschrift: 10704 Berlin)

Sie können diese Stelle auch aufsuchen und Ihren Widerspruch schriftlich aufnehmen lassen.

Mit freundlichen Grüßen

Ihre Deutsche Rentenversicherung Bund

18. Aufgrund der komplexen Rechtslage gibt es oft Widersprüche, die sich als unbegründet erweisen. Wenn du nicht kurzfristig einen kostenlosen Beratungstermin bei der Deutschen Rentenversicherung bekommst, lege fristwahrend schriftlich Widerspruch ein, ohne diesen zu begründen. Du kannst um ein Beratungsgespräch bitten und kostenlos Akteneinsicht erhalten. Danach entscheidest du, ob du den Widerspruch begründest oder zurücknimmst.

2 Die gesetzliche Rentenversicherung – Grundlagen

Kommen wir nun zu den Grundlagen der Rentenversicherung in Deutschland. Wie bereits im Vorwort erwähnt, sind einige Grundlagen unseres Rentensystems notwendig, um die Systematiken der Hinterbliebenenrenten und schlussendlich auch die Anrechnung von Einkommen auf die Hinterbliebenenrente zu verstehen. Viele Begriffe sind im ersten Kapitel schon aufgetaucht und bedürfen zum besseren Verständnis einer Erläuterung. Für die meisten Witwen und Witwer besteht ein lebenslanger Anspruch auf diese Rente; für Empfängerinnen von Erziehungsrente besteht der Anspruch für viele Jahre, daher ergibt es natürlich sehr viel Sinn, ein wenig Zeit zu investieren, um die wichtigsten Grundlagen zu verstehen. Dafür ist dieses zweite Kapitel da. Überspringe es lieber nicht, denn die Begriffe werden dir ab sofort ständig begegnen, nicht nur in diesem Buch, sondern auch in deinem Leben als Rentnerin oder Rentner.

2.1 Die drei Säulen der Altersvorsorge in Deutschland

Grundsätzlich gibt es in Deutschland drei Säulen der Altersvorsorge: die gesetzliche Rentenversicherung, die betriebliche Altersvorsorge und die private Altersvorsorge.

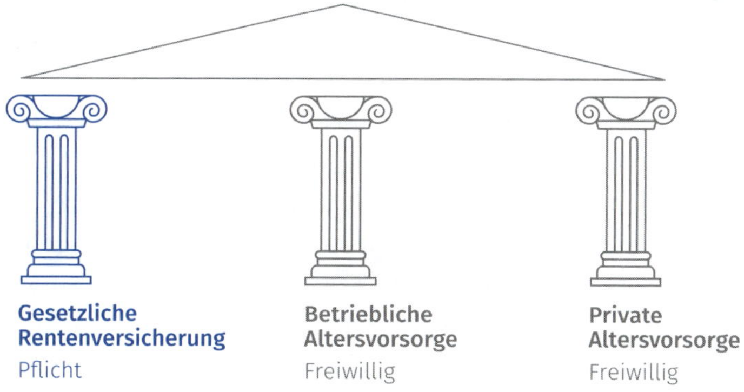

Wir befinden uns in diesem Ratgeber ausschließlich im Bereich der gesetzlichen Rentenversicherung und hier speziell bei den Hinterbliebenenrenten. Nicht behandelt – außer im Zusammenhang mit der Einkommensanrechnung auf die Hinterbliebenenrenten – werden die betriebliche Altersvorsorge (bAV) und die private Altersvorsorge.

2.2 Entgeltpunkte (EP)

Die Berechnung der gesetzlichen Rente, egal ob Altersrente oder Hinterbliebenenrente, basiert immer auf Entgeltpunkten. Im Verlauf deines Erwerbslebens sammelst du mit jedem verdienten Euro auf deinem Lohnzettel die für alle Renten ausschlaggebenden Entgeltpunkte.

Bist du in einem abhängigen Beschäftigungsverhältnis, zahlt dein Arbeitgeber und du selbst jeden Monat automatisch Beiträge an die Deutsche Rentenversicherung (DRV). Diese Beiträge werden bei der DRV in Punkte umgewandelt und auf deinem persönlichen Rentenkonto angespart – wie, dazu kommen wir gleich. Entgeltpunkte werden von der DRV üblicherweise mit vier Nachkommastellen aufgezeigt. Deine gesammelten Entgeltpunkte und die hieraus erworbenen Monate für die Wartezeit (Mindestversicherungszeit, auch dazu kommen wir gleich) kann dir grundsätzlich niemand mehr nehmen, dein Rentenkonto kann also grundsätzlich nur wachsen. Einzige Ausnahmen: Du lässt dich scheiden oder entscheidest dich für ein Rentensplitting. Bei beiden Verfahren werden die während der Ehe gesammelten Rentenpunkte zwischen den Ehepartnern so ausgeglichen, dass beide Ehepartner mit derselben Punktzahl aus der Ehe gehen. Derjenige, der mehr Entgeltpunkte gesammelt hat (meist ist das der Mann), muss derjenigen, die weniger Entgeltpunkte gesammelt hat (meist ist das die Frau), ein paar Entgeltpunkte abgeben – und dabei kann auch dein persönlicher Kontostand der Entgeltpunkte sinken (meist für den Mann).

Wenn du nicht in einem abhängigen Beschäftigungsverhältnis stehst oder in einer rentenversicherungspflichtigen Selbstständigkeit nach § 2 SGB VI tätig bist, kannst du freiwillig in die gesetzliche Rentenversicherung einzahlen. Zusätzlich neben einer bestehenden Versicherungspflicht freiwillige Beiträge in die Rentenkasse zu zahlen (eine sogenannte Höherversicherung) ist seit 1992 nicht mehr möglich. Andere Einkommensarten wie beispielsweise Einkommen aus Vermietung und Verpachtung oder Kapitalerträge sind nicht sozialversicherungspflichtig und erhöhen damit logischerweise dein Rentenkonto bei der gesetzlichen Rentenversicherung nicht.

Auch während eines Studiums werden keine Rentenversicherungsbeiträge gezahlt, weswegen lange Studienzeiten aus Sicht deines Rentenkontos weniger gut sind, denn hier werden keine Entgeltpunkte erworben. Die Schul- und Studienzeiten ab dem 17. Geburtstag helfen die Wartezeit von 35 Jahren zu erfüllen, es sei denn, du führst während dieser Zeit einen sozialversicherungspflichtigen Minijob aus. Mit einem beitragspflichtigen Minijob sicherst du dir sowohl Leistungsansprüche in der Rentenversicherung als auch, dass dir diese Zeiten bei der Mindestversicherungszeit für eine Rente angerechnet werden. Es lohnt sich also in der Regel, den geringen Eigenanteil der Sozialversicherung bei einem Minijob zu zahlen – so kann auch ein Studium rententechnisch sinnvoll genutzt werden.

! Verzichte bei einem Minijob niemals auf die Rentenversicherungspflicht. Auch wenn hier nur wenig Entgeltpunkte zusammenkommen, so können die Auswirkungen auf die Wartezeit erheblich sein. Der Grundsatz »Jeder Monat zählt für die Rente« gilt auch für die Monate aus dem Minijob.

Merke: Dein Rentenkonto ist immer das Spiegelbild deines versicherten Erwerbslebens. Das Gerücht, dass die letzten Jahre deines Lebenserwerbseinkommens für die Altersrente besonders wichtig seien, ist für gesetzlich Versicherte falsch (anders mag das in der Beamtenversorgung sein).

Am Ende deines Arbeitslebens kommt hoffentlich ein ordentlicher Punktestand zustande, aus dem sich später deine Rente berechnet. Doch wie bekomme ich einen Entgeltpunkt und wie viel Euro ist dieser am Ende wert? Kannst du dir schon heute ausrechnen, wie viel Altersrente dich erwartet? Und was hat das alles mit der Hinzuverdienstgrenze zu tun?

Bitte beachte, dass es bis zur Rentenangleichung unterschiedliche Werte für erarbeitete Entgeltpunkte gab (Unterscheidung Ost und West). Zu dieser Unterscheidung findest Du mehr unter Punkt 2.5 »Rentenwert«.

Hinweis zur Wortwahl »Rentenpunkt«

Entgeltpunkte werden im allgemeinen Sprachgebrauch auch als »Rentenpunkte« bezeichnet, was juristisch allerdings nicht korrekt ist. Die Deutsche Rentenversicherung verwendet den Begriff Rentenpunkt nicht und dennoch findet Google tausende Webseiten mit dem Begriff Rentenpunkt. Gemeint ist immer ein Entgeltpunkt.

2.3 Durchschnittseinkommen und Durchschnittsentgelt

Während das Durchschnittseinkommen ein allgemeiner Begriff ist, der das mittlere Einkommen aller Personen (z.B. in einem Land oder einer Gruppe) beschreibt, ist das sogenannte Durchschnittsentgelt (lt. § 69 SGB VI) ein spezifischer Begriff der gesetzlichen Rentenversicherung. Das Durchschnittsentgelt gibt das durchschnittliche Bruttoarbeitsentgelt aller sozialversicherungspflichtig Beschäftigten in einem Jahr an und wird jährlich von der DRV festgelegt. Ein voller Entgeltpunkt ist dann erarbeitet, wenn das Durchschnittsentgelt des jeweiligen Jahres erwirtschaftet wurde.

Das Durchschnittsentgelt errechnet sich aus dem Durchschnittsverdienst aller versicherungspflichtig Beschäftigten innerhalb eines Jahres. Zugrunde liegt dieser Berechnung logischerweise das verdiente sozialversicherungspflichtige Bruttoeinkommen, denn andere

Einkunftsarten wie zum Beispiel Einkommen aus Vermietung und Verpachtung oder Kapitalerträge sind zwar steuerpflichtig, erhöhen aber die Einzahlungen in die gesetzliche Rentenversicherung nicht.

Merke: Ein Entgeltpunkt (EP) beschreibt das Verhältnis deines Jahres-Brutto-Verdienstes zum durchschnittlichen Jahres-Brutto-Verdienst aller in der gesetzlichen Rentenversicherung Versicherten.

Die normale Arbeitnehmerin merkt von dieser Berechnung nichts, denn die Beiträge zur Rentenversicherung werden automatisch mit jeder Lohn- oder Gehaltsabrechnung vom Lohn oder vom Gehalt abgezogen. Wichtig ist es nur zu wissen, dass nicht die Höhe der Einzahlungen direkt für die zukünftige Höhe der Rente ausschlaggebend sind, sondern dass alles in Entgeltpunkte umgewandelt wird und sich die Vergabe der Entgeltpunkte an dem deutschlandweiten Durchschnittsentgelt bemisst. Und dennoch gilt: je höher das eigene Einkommen, desto höher die in diesem Jahr verdienten Entgeltpunkte. Ausnahmen sind Einkommen über der Beitragsbemessungsgrenze, siehe Punkt 2.4 »Beitragsbemessungsgrenze«.

Wie hat sich das Durchschnittsentgelt (§ 69 SGB VI) entwickelt?

Jahr	Durchschnittsentgelt		Umrechnungsfaktor	Durchschnittsentgelt Ost nach Umrechnung
	West	**Ost**		
2025	50.493,– €	50.493,– €		
2024	45.358,– €	45.358,– €	1,014	44.732,– €
2023	44.732,– €	44.732,– €	1,028	43.514,– €
2022	42.053,– €	42.053,– €	1,042	40.358,– €
2021	40.463,– €	40.463,– €	1,056	38.317,– €

Umrechnungsfaktor

Für Versicherungszeiten in der DDR und den neuen Bundesländern werden sogenannte Entgeltpunkte (Ost) ermittelt, indem man die Entgelte aus diesen Zeiten bei der Berechnung zunächst mit einem Umrechnungsfaktor erhöht. Damit sollen Unterschiede im Lohnniveau ausgeglichen werden. Der Umrechnungsfaktor entspricht etwa dem Verhältnis West-Durchschnittsentgelt zu Ost-Durchschnittsentgelt. Im Rahmen der Rentenangleichung wurden alle Unterschiede bei den rentenrechtlichen Größen bis 2025 abgeschmolzen. Damit wird dann – 35 Jahre nach der Deutschen Einheit – auch bei der gesetzlichen Rentenversicherung keine Ost-West-Trennung mehr vorgenommen. Deswegen ist der Umrechnungsfaktor mit der endgültigen Rechtsangleichung zum 1. Januar 2025 ganz weggefallen.

Merke: Dein Jahreseinkommen von 50.493,– € im Jahr 2025 erhöht dein Rentenkonto voraussichtlich um genau einen Entgeltpunkt (EP). Damit steigt deine zukünftige Altersrente Stand heute um 40,79 € pro Monat. Hast du mehr oder weniger verdient, wird dir ein Vielfaches mehr oder weniger angerechnet.

Hast du im Jahr 2024 Teilzeit gearbeitet und genau die Hälfte vom Durchschnittsentgelt verdient, also 22.679,– €, so hast du 0,5000 Entgeltpunkte erworben. Damit steigt deine zukünftige Altersrente Stand heute um 20,40 € pro Monat (40,79 € ÷ 2).

Anpassung des Durchschnittsentgelts Ost und West

Das Durchschnittsentgelt ist inzwischen vereinheitlicht (siehe Punkt »Umrechnungsfaktor«), daher gibt es nur noch einen Betrag, der für ganz Deutschland gültig ist. Das ist angesichts der immer noch herrschenden Lohnlücke in den neuen Bundesländern für die dort einzahlenden Versicherten eher nachteilig, wird sich aber im Laufe der Jahre sicher ausgleichen.

2.4 Beitragsbemessungsgrenze

Die Beitragsbemessungsgrenze für die Renten- und Arbeitslosenversicherung ist der Höchstbetrag, bis zu dem Arbeitsentgelt und Arbeitseinkommen bei der Berechnung des Versicherungsbeitrags berücksichtigt werden. Für darüber hinausgehendes Einkommen sind keine Beiträge mehr zu zahlen. Das klingt erst einmal nett und »günstig«, kann aber schwerwiegende Folgen haben.

Beitragsbemessungsgrenze für die Renten- und Arbeitslosenversicherung	**Alte Bundesländer**		**Neue Bundesländer**	
	pro Monat	**pro Jahr**	**pro Monat**	**pro Jahr**
2025 (bundesweit)	8.050,– €	96.600,– €	8.050,– €	96.600,– €
2024	7.550,– €	90.600,– €	7.450,– €	89.400,– €
2023	7.300,– €	87.600,– €	7.100,– €	85.200,– €
2022	7.050,– €	84.600,– €	6.750,– €	81.000,– €

Praktisches Beispiel – Auswirkungen der Beitragsbemessungsgrenze

Wenn dein Einkommen das Doppelte vom Durchschnittsentgelt des Jahres 2024 ist, also zweimal 45.358,– € = 90.716,– €, könntest du glauben, genau zwei Entgeltpunkte in diesem Jahr gesammelt zu haben. Das ist aber aufgrund der Beitragsbemessungsgrenze nicht so.

Dank der Beitragsbemessungsgrenze werden die letzten 116,– € des Jahreseinkommens, also alles über den 90.600,– € sozialversicherungspflichtiges Jahresbruttoeinkommen, nicht mehr für Beiträge bei der gesetzlichen Rentenversicherung berücksichtigt. Die Einzahlungen in die gesetzliche Rentenversicherung bemessen sich an der Höchstgrenze von 90.600,– € und sind damit nur ganz knapp an den zwei vollen Entgeltpunkten vorbeigeschrammt.

Das zu verstehen, ist wichtig, denn die Beitragsbemessungsgrenze ist es, die auch trotz vermeintlich hohem Einkommen zu Erwerbszeiten bewirkt, dass die gesetzliche Altersrente auf einem verhältnismäßig niedrigen Niveau bleibt. Und natürlich hat das auch Auswirkungen auf die Hinterbliebenenrente, denn wir wissen ja bereits, dass alle Renten aufgrund der gesammelten Entgeltpunkte berechnet werden.

Anpassung der Beitragsbemessungsgrenze Ost und West

Wie Du der Tabelle oben entnehmen kannst, hat der Gesetzgeber die Beitragsbemessungsgrenze in Ost und West mit dem Jahr 2025 angeglichen. Auch das ist angesichts der oben erwähnten Lohnlücke in den neuen Bundesländern für die dort einzahlenden Versicherten eher nachteilig, aber auch das wird sich im Laufe der Jahre sicher ausgleichen.

2.5 Rentenwert

Der aktuelle Rentenwert ist der Gegenwert, der einem Entgeltpunkt entspricht. Der Rentenwert für die Zeit vom 1.7.2025 bis zum 30.6.2026 liegt bei **40,79 €** in ganz Deutschland.

Eigentlich ist es ganz einfach: Ein Entgeltpunkt ist einen festgelegten Eurobetrag wert. Es ist folglich nicht die Rente selbst, die sich durch eine Rentenerhöhung erhöht, sondern der **Rentenwert pro Entgeltpunkt,** sofern es für Rentner keine Nullrunde gibt. Das ganze Rentensystem basiert auf diesen Entgeltpunkten. Klingt simpel, oder?

Wichtig: Entgeltpunkte im Rentenkonto werden sehr genau berechnet und in der Regel mit vier Nachkommastellen aufgezeigt.

Entgeltpunkte und Hinzuverdienstgrenze

Es ist auch im Hinblick auf die Hinzuverdienstgrenze wichtig, die Systematik der Entgeltpunkte zu verstehen, denn die Hinzuverdienstgrenze wurde bei der Einführung im Jahr 1986 mit dem 26,4-Fachen des Rentenwertes festgelegt. Das bedeutet, dass auch die Hinzuverdienstgrenze an den jeweiligen aktuellen Rentenwert gebunden ist und sich mit jeder Rentenerhöhung in Korrelation zu den durchschnittlichen (beitragspflichtigen) Bruttolöhnen entsprechend erhöht. Damit hat der Gesetzgeber im Jahr 1986 ein System erschaffen, welches eine sogenannte **dynamische Erhöhung der Hinzuverdienstgrenze** analog zu den jeweiligen Rentenerhöhungen gewährleistet. Das System wurde vom Bundesverfassungsgericht mehrfach als verfassungskonform bestätigt. Es gab dazu in der Vergangenheit immer wieder Klagen und alle endeten mit demselben Ergebnis: Die Hinzuverdienstgrenze ist verfassungskonform (Quelle 2: speziell Absatz III c) Zeile 51).

Mehr zur Hinzuverdienstgrenze unter Punkt 6 »Einkommensgrenze, Freibetrag, Hinzuverdienstgrenze«.

Merke: Gibt es eine Rentenerhöhung, erhöht sich der aktuelle Rentenwert und damit auch alle Renten sowie auch die Hinzuverdienstgrenze der Hinterbliebenenrenten. Durch die **Rentengarantie** kann die Rente an sich niemals weniger werden. Lediglich Beitragserhöhungen zur Kranken- und Pflegeversicherung können die Rente reduzieren.

Entgeltpunkte Ost und Entgeltpunkte West

Rentenangleichung nennt sich das Zauberwort seit der Wiedervereinigung. Mit der Rentenerhöhung zum 1.7.2023 wurde die Rentenangleichung ein Jahr früher abgeschlossen als ursprünglich geplant. Seitdem gibt es deutschlandweit nur noch einen (gemeinsamen) Rentenwert.

In allen Jahren davor gab es einen Rentenwert Ost und einen Rentenwert West. Alle Bescheide wurden nach diesem Schema aufgeteilt, weil die gesammelten Entgeltpunkte aus den neuen Bundesländern weniger »wert« waren als die Entgeltpunkte aus den alten Bundesländern. Dabei gilt immer die Region, wo du die Punkte gesammelt hast, nicht die Bundesländer, wo du derzeit wohnst. Heißt: Der aktuelle Rentenwert Ost lag jahrelang niedriger als der Rentenwert West. Dafür gab es seit der Wiedervereinigung in Ostdeutschland fast immer eine höhere Rentenerhöhung als in Westdeutschland.

Historische Entwicklung des Rentenwertes

Seit dem 1.7.2023 lag der Rentenwert zum ersten Mal in der Geschichte Deutschlands in Ost- und Westdeutschland mit 37,60 € auf demselben Niveau. Die Rentenerhöhung ab dem 1.7.2024 auf einen Rentenwert von **39,32 €** sowie alle zukünftigen Rentenerhöhungen werden immer für einen Rentenwert getroffen, der in Ost und West gleichsam gültig sein wird.

Übersicht Entwicklung des Rentenwertes

Nachfolgend eine Übersicht über den Rentenwert und die jeweiligen Rentenerhöhungen seit der Umstellung von DM auf Euro.

	Ganz Deutschland	
Gültig ab	**Rentenwert für einen Entgeltpunkt**	**Rentenerhöhung**
1.7.2025	40,79 €	3,74 %
1.7.2024	39,32 €	4,57 %

	Alte Bundesländer		Neue Bundesländer	
Gültig ab	**Rentenwert pro Entgeltpunkt**	**Rentenerhöhung**	**Rentenwert pro Entgeltpunkt**	**Rentenerhöhung**
1.7.2023	37,60 €	4,39 %	37,60 €	5,86 %
1.7.2022	36,02 €	5,35 %	35,52 €	6,12 %
1.7.2021	keine Rentenanpassung		33,47 €	0,72 %
1.7.2020	34,19 €	3,45 %	33,23 €	4,20 %

	Alte Bundesländer		Neue Bundesländer	
Gültig ab	**Rentenwert pro Entgeltpunkt**	**Rentenerhöhung**	**Rentenwert pro Entgeltpunkt**	**Rentenerhöhung**
1.7.2019	33,05 €	3,18 %	31,89 €	3,91 %
1.7.2018	32,03 €	3,22 %	30,69 €	3,37 %
1.7.2017	31,03 €	1,90 %	29,69 €	3,59 %
1.7.2016	30,45 €	4,25 %	28,66 €	5,95 %
1.7.2015	29,21 €	2,10 %	27,05 €	2,50 %
1.7.2014	28,61 €	1,67 %	26,39 €	2,53 %
1.7.2013	28,14 €	0,25 %	25,74 €	3,29 %
1.7.2012	28,07 €	2,18 %	24,92 €	2,26 %
1.7.2011	27,47 €	0,99 %	24,37 €	0,99 %
1.7.2010	keine Rentenanpassung			
1.7.2009	27,20 €	2,41 %	24,13 €	3,38 %
1.7.2008	26,56 €	1,10 %	23,34 €	1,10 %
1.7.2007	26,27 €	0,54 %	23,09 €	0,54 %
1.7.2006	keine Rentenanpassung			
1.7.2005	keine Rentenanpassung			
1.7.2004	keine Rentenanpassung			
1.7.2003	26,13 €	1,04 %	22,97 €	1,19 %
1.7.2002	25,86 €	2,16 %	22,70 €	2,89 %
1.1.2002	25,31 €	Umwandlung in €	22,06 €	Umwandlung in €

2.6 Rentenerhöhung

Eine Rentenerhöhung wird meistens schon im Herbst eines Jahres besprochen, im Frühling des darauffolgenden Jahres beschlossen und turnusmäßig zum 1. Juli eines Jahres gültig. Die Rentenerhöhung hat dabei eine starke Korrelation zu den durchschnittlichen (beitragspflichtigen) Bruttolöhnen: je höher die Steigerung der durchschnittlichen (beitragspflichtigen) Bruttolöhne des Vorjahres, desto höher in der Regel auch die Rentenerhöhung. Die Bruttolöhne sind dabei allerdings nur ein Richtwert von mehreren Aspekten. Zusätzlich werden die Veränderungen des Beitragssatzes in der Rentenversicherung und die Entwicklung des zahlenmäßigen Verhältnisses von Beitragszahlenden und Rentenbeziehenden über den sogenannten Nachhaltigkeitsfaktor berücksichtigt. Für die Entscheidung einer Rentenerhöhung spielen noch andere Faktoren wie die Lage auf dem Arbeitsmarkt und das Verhältnis von jungen und alten Menschen in Deutschland eine Rolle.

2.7 Wartezeit und Mindestversicherungszeit

Als Wartezeit wird eine bestimmte Mindestversicherungszeit zur gesetzlichen Rentenversicherung bezeichnet, im Prinzip bedeuten also beide Begriffe dasselbe. Damit ein Rentenanspruch überhaupt erst entstehen kann, muss die jeweils passende Wartezeit erfüllt sein. Die allgemeine Rentenversicherung kennt folgende Wartezeiten:

- **Allgemeine Wartezeit** von **fünf Jahren** (Voraussetzung für die Regelaltersrente demnächst ab 67 Jahren, Rente wegen Erwerbsminderung und **Hinterbliebenenrente**)
- **Große Wartezeit** von **35 Jahren** (Voraussetzung für die Altersrente für schwerbehinderte Menschen frühestens ab 62 Jahren und die Altersrente für langjährig Versicherte frühestens ab 63 Jahren)
- **Besondere Wartezeit** von **45 Jahren** (Voraussetzung für die abschlagsfreie Altersrente für besonders langjährig Versicherte demnächst ab 65 Jahren)

Merke: Für die Renten wegen Todes gelten wie für die Regelaltersrente und die Renten wegen teilweiser oder voller Erwerbsminderung eine Wartezeit von **fünf Jahren (60 Monaten).**

Auf diese Wartezeiten werden die »rentenrechtlichen Zeiten« angerechnet, wozu Beitragszeiten, Anrechnungszeiten, Kindererziehungszeiten, Kinderberücksichtigungszeiten und hinzugewonnene Zeiten aus einem Versorgungsausgleich nach Ehescheidung gehören. Für Schul- und Studienzeiten ab dem 17. Geburtstag werden keine Beiträge in das Rentenkonto gezahlt, sie zählen aber als »Anrechnungszeiten« (früher als »Ausfallzeiten« bezeichnet), die dir helfen, die große Wartezeit von 35 Jahren zu erfüllen. Das Rentenrecht wird an dieser Stelle kompliziert, weil nicht alle rentenrechtlichen Zeiten auf alle Wartezeiten angerechnet werden. So hilft zwar beispielsweise die Anrechnungszeit wegen Schule oder Studium die Wartezeit von 35 Jahren zu erfüllen, sie werden aber nicht auf die Wartezeit von fünf oder 45 Jahren angerechnet.

Merke: Auf die allgemeine Wartezeit von fünf Jahren sind Kalendermonate mit Beitragszeiten (dazu zählen neben Pflicht- und freiwilligen Beiträgen auch Zeiten der Kindererziehung) und Ersatzzeiten berücksichtigt. Es zählen aber auch Monate mit, die sich aus einem Versorgungsausgleich, einem Rentensplitting oder einer geringfügigen versicherungsfreien Beschäftigung ergeben.

!

Wenn du von der Deutschen Rentenversicherung jedes Jahr eine Renteninformation bekommst, ist bei dir die allgemeine Wartezeit von fünf Jahren auf jeden Fall erfüllt.

Tipp insbesondere für deine Kinder: Du kannst neben der Schule oder des Studiums einen Minijob ausüben. Dabei musst du die Obergrenze von derzeit 556,– € brutto (2025) nicht voll ausschöpfen. Es reichen schon beispielsweise 200,– € brutto aus, damit du Monate für alle Wartezeiten sammeln kannst. Wichtig ist nur, dass du keinesfalls auf die Rentenversicherungspflicht verzichtest!

Kleine Aufgabe für dich: Kontenklärung

Stelle bei der Deutschen Rentenversicherung einen »Antrag auf Kontenklärung« (Formulare V100, V410, V800) und bestehe auf eine Rentenauskunft (nicht verwechseln mit der alljährlichen Renteninformation, du kennst jetzt den Unterschied). Aus der Rentenauskunft kannst du dann leicht sehen, welche Wartezeiten bei dir bereits erfüllt sind oder voraussichtlich noch erfüllbar sind. Falls du weitere Fragen dazu hast, kannst du unter www.deutsche-rentenversicherung.de einen Beratungstermin buchen.

Freiwillige Beiträge nachzuzahlen kann sich lohnen

Wer knapp an der allgemeinen Wartezeit von fünf Jahren scheitert, für den lohnt es sich vielleicht, freiwillige Beiträge zur Rentenversicherung zu zahlen, um auf die erforderliche Mindestversicherungszeit zu kommen. Der monatliche Mindestbeitrag dafür liegt derzeit bei 103,42 € (Stand 1.1.2025).

Diese freiwilligen Versicherungsbeiträge können allerdings nur für das laufende Jahr eingezahlt werden (Ausnahme: Bis zum 31. März können noch Beiträge für das letzte Kalenderjahr eingezahlt werden) und es müssen in dem entsprechenden Jahr »freie« Monate vorhanden sein, also Monate, die nicht schon mit Beitragszeiten belegt sind. Wer zum Beispiel nicht rentenversicherungspflichtig selbstständig ist oder war, für den könnte das interessant sein, um zumindest die Wartezeit zu erfüllen.

! Unter dem Aspekt der Mindestversicherungszeit kann es sich lohnen, bei schwerwiegenden Krankheiten eines Ehepartners frühzeitig und aktiv eine Kontenklärung bei der Deutsche Rentenversicherung anzufragen, um eventuelle Beiträge noch zu Lebzeiten freiwillig einzuzahlen und damit die Anspruchsvoraussetzungen der Mindestversicherungszeit für die Hinterbliebenenrente zu erwirken, falls diese noch nicht erfüllt ist.

Falls die Mindestversicherungszeit vom Verstorbenen nicht erfüllt wurde

Daraus folgt aber auch: Ist die allgemeine Wartezeit zum Todeszeitpunkt nicht erfüllt und auch nach § 53 SGB VI nicht vorzeitig erfüllt (z.B. bei Tod durch Arbeitsunfall), kann sie post mortem nicht »nacherfüllt« werden. Das bedeutet, das freiwillige Einzahlen von Beiträgen nach dem Tod ist nicht möglich. Die Witwe oder der Witwer hat dann jedoch einen Anspruch auf Beitragserstattung nach § 210 Abs. 1 Nr. 3 SGB VI. Die Erstattung erfolgt nur auf einen Antrag und nicht automatisch!

2.8 Steuerjahr und Rentenjahr

Das Steuerjahr kennen die meisten: Es beginnt mit dem 1. Januar eines Jahres und endet mit dem 31. Dezember desselben Jahres. Ein »Rentenjahr« oder ein »Geschäftsjahr der Deutschen Rentenversicherung« als solches gibt es nicht, allerdings erfolgt die Einkommensanrechnung jeweils zum 1. Juli eines Jahres mit dem Einkommen des vorangegangenen Steuerjahres. Auch eine Rentenerhöhung und die damit einhergehende Erhöhung der Hinzuverdienstgrenze tritt regelmäßig zum 1. Juli eines Jahres in Kraft. Diese Systematik ist wichtig und grundlegend zu wissen, denn die komplette Anrechnung von Einkommen basiert auf den Einkünften des vorangegangenen Steuerjahres.

Kompliziert wird es beim Versuch, die eigenen Einkünfte der Hinzuverdienstgrenze so anzupassen, dass möglichst wenig gekürzt werden soll. Denn während das Steuerjahr noch läuft, ist die nächste Rentenerhöhung ab dem 1. Juli des darauffolgenden Jahres höchstens im Gespräch, aber keinesfalls beschlossen. Grundlage einer Rentenerhöhung ist die Entwicklung der durchschnittlichen (beitragspflichtigen) Bruttolöhne. Maßgeblich ist hierbei die Entwicklung des letzten gegenüber dem vorletzten Jahr: Für 2023 wird also die Lohnentwicklung 2021 gegenüber 2022 zugrunde gelegt. Beschlüsse zur Rentenerhöhung gibt es in der Regel im Frühling. Gültig ist eine Rentenerhöhung dann turnusmäßig ab dem 1. Juli.

Das bedeutet, dass das eigene Einkommen vom Vorjahr (z.B. im Jahr 2024) zur Berechnung der Kürzungen der Hinterbliebenenrente erst ab dem 1. Juli des darauffolgenden Jahres herangezogen wird (z.B. ab 1.7.2025). Das bedeutet auch, dass du während eines Steuerjahres, zum Beispiel während des Jahres 2025, nicht wissen kannst, wie hoch der Freibetrag ab dem 1.7.2026 sein wird.

Empfehlung: Die kommenden Rentenerhöhungen im Blick behalten!

Wenn du Wert darauf legst, das eigene Einkommen so zu gestalten, dass die Hinterbliebenenrente möglichst wenig gekürzt wird und du doch viel verdienen möchtest, dann solltest du die Nachrichten zu den anstehenden Rentenerhöhungen im Blick behalten. Die Rentenerhöhungen werden nämlich bereits im Herbst eines Steuerjahres diskutiert und diese Diskussion wird auch publiziert. Im Winter wird eine Erhöhung dann nochmals besprochen und im Frühjahr wird die Rentenerhöhung zum 1. Juli fix beschlossen. Erst mit dem Beschluss steht auch die Erhöhung der Hinzuverdienstgrenze fest, da diese genau wie alle Renten an die Entgeltpunkte gekoppelt ist.

! Bedenke, dass du trotz Einkommensanrechnung auf deine Witwenrente oder Witwerrente gleichwohl Wartezeitmonate und Entgeltpunkte für dein eigenes Rentenkonto ansparst.

2.9 Kindererziehungszeiten (KEZ) und Kinderberücksichtigungszeiten (Kibüz)

Ziel der Kindererziehungszeiten (KEZ) ist es, die soziale Situation von Müttern zu verbessern und die Ungleichbehandlung zu beseitigen. Die Kinderberücksichtigungszeiten (Kibüz) sollen neben der Erhöhung der Rentenansprüche außerdem verhindern, dass Lücken im Versicherungsverlauf der oder des Berechtigten entstehen. Die rentenrechtlichen Zeiten KEZ und Kibüz gibt es seit 1992, der Begriff »**Mütterrente**« wurde durch die Politik erst 2013 eingeführt. Was das genau ist, findest du weiter unten.

Hinweis: Sowohl die KEZ als auch die Kibüz werden im Rahmen eines Antrags auf Kontenklärung beantragt (Formular V0800 – Antrag auf Feststellung von Kindererziehungszeiten/Berücksichtigungszeiten wegen Kindererziehung). Wenn du im Zuge des Antrags für die Witwenrente oder Witwerrente dein eigenes Konto bereits geklärt hast, hast du jetzt keine Aufgabe und dieses Kapitel dient der reinen Information.

2.9.1 Die Mütterrente

Du weißt inzwischen, dass das gesamte Rentensystem der gesetzlichen Rentenversicherung auf Entgeltpunkten basiert, daher ist es nur logisch, dass eine Erhöhung deiner Rente aufgrund von Kindererziehungszeiten ebenfalls nur über Entgeltpunkte erfolgen kann. Aber was genau ist die Mütterrente und was sind Kindererziehungszeiten?

Mütterrente 1 und 2 (für Kinder, die vor dem 1.1.1992 geboren wurden)

Um Kindererziehungszeiten besser anzuerkennen, wurde für Kinder, die vor 1992 geboren wurden, die angerechnete Erziehungszeit rückwirkend erst von einem auf zwei Jahre (Mütterrente 1) und ab 2019 dann rückwirkend auf zweieinhalb Jahre (Mütterrente 2) erhöht. Die Mütterrente 1 gibt es seit dem 1.7.2014. Zum 1.1.2019 wurde die Mütterrente 2 eingeführt.

Beide Mütterrenten gelten für Kinder, die **vor dem 1.1.1992** geboren wurden:

Angerechnete Kindererziehungszeit		
vor Einführung der Mütterrente	**mit Mütterrente 1**	**mit Mütterrente 2**
bis Juni 2014	ab 1.7.2014	ab 1.1.2019
1 Jahr oder 12 Monate **= 1 Rentenpunkt**	2 Jahre oder 24 Monate **= 2 Rentenpunkte**	2 $^1/_2$ Jahre oder 30 Monate **= 2 $^1/_2$ Rentenpunkte**

Kindererziehungszeiten für Kinder, die 1992 oder später geboren wurden

Für alle Kinder, die 1992 oder später geboren wurden, umfassen die KEZ die ersten 36 Lebensmonate des Kindes. Hierbei wird in der Regel die Mutter so gestellt, als ob sie in dieser Zeit den Durchschnittsverdienst verdient hätte, sodass die Mutter theoretisch genau **3,0000 Entgeltpunkte** auf ihr Rentenkonto gutgeschrieben bekommt (tatsächlich sind es meist etwas weniger als 3 EP). Grundsätzlich gilt also, dass ein Elternteil **pro Erziehungsjahr einen Entgeltpunkt** erhält. Natürlich kann die Mutter oder auch der Vater die Kindererziehungszeiten erhalten, beide Elternteile können sich diese auch wechselseitig teilen (siehe Tipp).

Bei Kindern, die vor 1992 geboren wurden, gesteht der Gesetzgeber den Müttern weiterhin lediglich 30 Monate an KEZ (somit 2,5 Jahre für die Wartezeit bzw. 2,5 EP) zu. Die neue Regierung unter Bundeskanzler Merz plant allerdings die Mütterrente für alle Kinder auf 36 Monate anzugleichen.

! Wenn bei gleichzeitiger Erziehung statt der Mutter der Vater von den Gutschriften profitieren soll, oder beide in gleichem Anteil, dann müssen beide Eltern dies schriftlich gegenüber dem Rentenversicherungsträger erklären (Vordruck V0820 – Erklärung über die Zuordnung der Kindererziehungszeit/Berücksichtigungszeit bei gemeinsamer Erziehung). Diese Erklärung kann jedoch nur mit Wirkung **für die Zukunft** und **maximal für zwei Monate rückwirkend** abgegeben werden. Wird keine Erklärung abgegeben, erhält die Mutter die KEZ und Kibüz.

Die KEZ beginnt mit dem Kalendermonat nach der Geburt des Kindes. Erziehst du gleichzeitig mehrere Kinder, zum Beispiel Zwillinge, oder bekommst du während einer Erziehungszeit ein weiteres Kind, verlängert sich die KEZ um diese Zeit. Ein Beispiel dazu findest du unter dem nächsten Kapitel.

2.9.2 Kinderberücksichtigungszeiten (Kibüz)

Neben den KEZ gibt es unabhängig vom Tag der Geburt noch eine **10-jährige Kinderberücksichtigungszeit (Kibüz).** Die Kinderberücksichtigungszeit beginnt mit dem Tag der Geburt. Sie verhindert, dass Lücken im Versicherungsverlauf der Berechtigten oder des Berechtigten entstehen, und sie hilft, die Wartezeit von 35 und 45 Jahren zu erfüllen. So sorgt die Kinderberücksichtigungszeit dafür, dass Eltern, die nach der Geburt des Kindes für mehrere Jahre keiner versicherungspflichtigen Beschäftigung nachgehen, dennoch die Chance haben, vorzeitig in Rente zu gehen. Auch der Erwerbsminderungsrentenschutz wird durch die Kinderberücksichtigungszeiten gewahrt. Nach dem 10. Geburtstag des Kindes sollten sogenannte »Nur-Hausfrauen« sich bald wieder um eine rentenversicherungspflichtige Beschäftigung bemühen, wenn sie den bis dahin bestehenden Versicherungsschutz im Fall der Erwerbsminderung nicht verlieren wollen. Die Kinderberücksichtigungszeit wirkt damit rentenbegründend und geringfügig rentensteigernd, allerdings begründen die Zeiten allein noch keinen Rentenanspruch, aber in Kombination mit anderen Zeiten können sie sich positiv bemerkbar machen:

- Du erhältst die Anwartschaft auf eine Rente wegen teilweiser oder voller Erwerbsminderung aufrecht.
- Die Zeiten werden auf die Mindestwartezeit für fast alle Altersrenten angerechnet, zum Beispiel für die 45 Jahre, die für eine »Rente mit 63« notwendig sind.
- Die Beitragszeiten können sich bei der Bewertung der beitragsfreien Zeiten rentensteigernd auswirken.

Aber Achtung: Ein Jahr hat nur zwölf Monate! So kann ein Kind maximal 121 Monate für die Wartezeit von 35 bzw. 45 Jahren bringen, da in den ersten 36 Monaten (bzw. 30 Monaten bei vor 1992 geborenen Kindern) bereits die Kindererziehungszeiten vorhanden sind. Wenn dein Kind zufällig am 1. des Monats geboren wurde, sind es exakt 120 Monate für die Wartezeit, in allen anderen Fällen 121 Monate. Alles verstanden?

» **Beispiel:**

	Kind 1 (*24.2.2010)	**Kind 2 (*24.2.2018)**	**Kind 3 (*24.2.2020)**
KEZ	03/2010 bis 02/2013 **= 36 Monate**	03/2018 bis 02/2021 **= 36 Monate**	03/2020 bis 02/2023 **= 36 Monate**
Kibüz	24.2.2010 bis 23.2.2020 **= 121 Monate**	24.2.2018 bis 23.2.2028 **= 121 Monate**	24.2.2020 bis 23.2.2030 **= 121 Monate**

Die Mutter bekommt hier ca. 9 Entgeltpunkte (jeweils 3 pro Kind). Die allgemeine Wartezeit von fünf Jahren ist bereits mit den KEZ für Kind 1 und Kind 2 erfüllt. Auf die Wartezeit von 35 und 45 Jahren werden alle Monate mit KEZ und Kibüz angerechnet, sofern sich diese nicht überschneiden (ein Kalenderjahr kann nicht mehr als zwölf Monate aufnehmen): 24.2.2010 bis 23.2.2030 also 241 Monate, sprich knapp 20 Jahre. Die Wartezeiten von 35 und 45 Jahren sind allein mit den Kindern nicht erfüllt.

Wertigkeit der Kindererziehung

Machen wir uns nichts vor: Kindererziehung kostet Zeit. Es ist genau die Zeit, die Kindererziehende oder Care-Arbeits-Leistende (dt. Fürsorgearbeitsleistende) nicht mit Erwerbsarbeit verbringen können. Es ist genau die Zeit, die dazu führt, dass das Rentenkonto nicht mehr so stark wächst wie vor der Geburt. Es ist auch genau die Zeit in der Lebenserwerbsmitte, in der große Karrieresprünge in der Erwerbsarbeit gemacht werden können. Von diesen Karrieresprüngen und diesen damit verbundenen Gehaltssprüngen können Care-Arbeits-Leistende als »Nur-Hausfrauen« oder Teilzeitbeschäftigte meist nicht profitieren. Die Kindererziehungszeiten sind gute Bausteine, aber können sie die Lücken ausgleichen, die durch die Kindererziehung und jahrelange Teilzeitarbeit de facto immer noch entstehen?

Im Rentenjahr 2025/26 ist ein Entgeltpunkt 40,79 € wert. Das bedeutet eine Rentenerhöhung von drei Entgeltpunkten bei einem nach 1992 geborenen Kind. In Euro ausgedrückt sind drei Rentenpunkte derzeit 122,37 € Altersrente, brutto wohlgemerkt. Die Bertelsmann Stiftung hat in einer Studie von 2021 darauf aufmerksam gemacht, dass das erste Kind Mütter 43 % ihres Lebenserwerbseinkommens kostet, das zweite 54 % und das dritte sogar 68 % (Quelle 3). Ob da drei Entgeltpunkte oder 122,37 € als Ausgleich ausreichend sind, sei dahingestellt.

Von nichts kommt nichts – der Antrag V0800 und die Kontenklärung

Auch wenn die Deutsche Rentenversicherung vieles von uns weiß: Kindererziehungszeiten werden Eltern nicht automatisch zugestanden, obwohl meist eine Einzahlungslücke durch genommene Elternzeiten im Rentenkonto der Eltern entsteht. Wie oben schon erwähnt, werden bei einer **Kontenklärung** sowohl die Kindererziehungszeiten als auch die Kinderberücksichtigungszeiten berücksichtigt, du kannst beides jedoch auch nach der Geburt oder nach den Kindererziehungszeiten selbst jederzeit aktiv einreichen (V0800 – Antrag auf Feststellung von Kindererziehungszeiten/Berücksichtigungszeiten wegen Kindererziehung).

! Wenn dein Kind noch keine zehn Jahre alt ist, denke bitte daran, den Antrag auf Kontenklärung nach dessen 10. Geburtstag noch mal zu stellen. Kinderberücksichtigungszeiten, die noch nicht in deinem Versicherungsverlauf gespeichert sind, können der Grund dafür sein, dass in deiner alljährlichen Renteninformation nur zwei Zahlen stehen und die Rente wegen Erwerbsminderung nicht aufgeführt wurde.

Erziehungszeiten und Beitragszeiten über der Beitragsbemessungsgrenze

Wer während der Erziehungszeiten viel arbeitet und gut verdient, wird rententechnisch dafür nicht besonders belohnt. Was nirgends so richtig offen steht und tatsächlich auch selten vorkommt, ist trotzdem völlig ungerecht: Kindererziehungszeiten werden zusätzlich zu zeitgleichen Beitragszeiten aus Erwerbstätigkeit nur bis zur Beitragsbemessungsgrenze auf die Rente angerechnet. Andersherum bedeutet das: Wenn die für die Kindererziehung erworbenen Rentenpunkte plus die erworbenen Rentenpunkte aus sozialversicherungspflichtigem Einkommen **in der Summe** über den Beitragsbemessungssatz kommen, werden die für die Kindererziehung gewährten Rentenpunkte ohne Ausgleich gekappt. (Hier reicht ein durchschnittliches Jahreseinkommen, damit die Rentenpunkte für die Kindererziehung gekappt werden.)

2.10 Ein Hinweis zur Gleichstellung

Aus Sicht der Rentenhöhe ist eine Ehe oder Partnerschaft so lange gleichgestellt, wie beide Ehepartner in etwa gleich viel verdienen, oder zumindest so lange, wie beide Partner nach ihren Möglichkeiten und ihren Ausbildungen in einer Vollzeitbeschäftigung jeweils ihre Entgeltpunkte sammeln können. Mit etwa gleich hohem Gehalt werden, wie die obigen Ausführungen klar gemacht haben sollten, in etwa gleich viele Entgeltpunkte pro Jahr gesammelt. Selbst mit unterschiedlichen Gehältern (aufgrund von verschiedenen Ausbildungen, Gender Pay Gap und so weiter) sammelt jeder Partner für die eigene Altersrente im Rahmen ihrer oder seiner Möglichkeiten (jeweils bis zur Beitragsbemessungsgrenze).

Problematisch wird die Sache erst, wenn Kinder geboren werden, denn **vom Elterngeld werden keine Rentenbeiträge gezahlt** und die oben erwähnten drei Entgeltpunkte pro Kind als Kindererziehungszeiten wiegen bei Weitem nicht den Einkommensverlust bezogen auf das Lebenserwerbseinkommen der Care-Arbeits-Leistenden auf. Traditionell sind immer noch mehr Mütter für die Kindererziehung und die kostenlose Care-Arbeit zuständig. Der Gender Pay Gap, der Gender Care Gap, der Gender Pension Gap und viele andere Gaps belegen, dass die kostenlose Care-Arbeit vor allem für Frauen nachteilig ist. Frauen in Deutschland haben im Jahr 2022 pro Woche durchschnittlich rund neun Stunden mehr unbezahlte Arbeit geleistet als Männer, das entspricht einer Stunde und 19 Minuten pro Tag. Der Gender Care Gap lag damit bei 44,3 %, wie das statistische Bundesamt im März 2024 mitteilte (Quelle 4). Allerdings ist ein Großteil dieser (Care-)Arbeit unsichtbar und auch nicht sozialversicherungspflichtig, weswegen Mütter – und insbesondere Alleinerziehende – einem deutlich größeren Armutsrisiko ausgesetzt sind.

In der Regel gehen Mütter nach der Geburt eines Kindes oder der Kinder über viele Jahre lang nicht mehr Vollzeit arbeiten. Eine umfassende deutschlandweite Ganztagskinderbetreuung könnte ein entscheidender Schlüssel für höhere Rentenanwartschaften von Müttern sein. In Deutschland fehlen im Jahr 2024 rund 306.000 Kita-Plätze für Kinder unter drei Jahren, davon allen 277.900 Plätze in Westdeutschland und 28.200 in Ostdeutschland. Damit haben laut IW-Report 40/12024 rund 13,6 % der unter Dreijährigen keinen Betreuungsplatz. (Quelle 4a). Die besseren Betreuungsmöglichkeiten in den neuen Bundesländern sind der Grund dafür, dass Mütter in Ostdeutschland meistens eine höhere Rente erarbeiten können als Mütter in Westdeutschland. Aber was hat das alles mit der Hinterbliebenenrente zu tun?

Gender Survivors Gap

Der Gender Pay Gap ist der Verdienstabstand pro Stunde zwischen Männern und Frauen. Dazu gibt es viele Berechnungen und Statistiken und alle kommen zum selben Ergebnis: Frauen verdienen weniger Geld als Männer. Eine Auswirkung des Gender Pay Gaps ist der Gender Pension Gap, oder anders ausgedrückt: die Rentenlücke zwischen Männern und Frauen. Das geschlechtsspezifische Gefälle bei den Alterseinkünften lag im Jahr 2024 bei 25,61 %.

Nur logisch ist es deswegen, dass es auch bei den Hinterbliebenenrenten einen Gap gibt. Da es dazu wenig offizielle Zahlen und schon gar keinen Begriff gibt, habe ich selbst einen Begriff dafür »erfunden«: den **Gender Survivors Gap.** Denn während Männer bei fast allen diesen Gaps besser abschneiden als Frauen, dreht sich der Spieß beim Gender Survivors Gap um: bei den Hinterbliebenenrenten haben Männer das Nachsehen, denn die Witwerrente ist deutlich geringer als die Witwenrente. Das ist nur logisch, denn während Männer mehr Entgeltpunkte durch höhere Gehälter bekommen und einem höheren Anteil an bezahlter Arbeit nachgehen können, ist die Witwenrente, die Männer ihren Frauen dann hinterlassen, deutlich höher als die Witwerrente, die Frauen ihren Männern hinterlassen (können).

So ist die durchschnittliche Witwerrente im aktuellen Stand zum 31.12.2023 bei 418,90 € deutlich niedriger als die durchschnittliche Witwenrente mit 761,74 €. Der Gender Survivors Gap liegt damit bei sage und schreibe 342,85 € oder 45 %.

Männer sollten nicht zuletzt auch aus diesem Grunde ein größeres Interesse daran haben, dass ihre Frauen höhere Rentenansprüche sammeln können, denn in etwa 15 % der Fälle stirbt die Frau zuerst und hinterlassen den Männern eine (zumeist niedrige) Witwerrente.

Ein Wort noch zu den Zukunftsaussichten

Offen bleibt die Frage, ob die Politik per Gesetz die Lebensbedingungen für Frauen und insbesondere für Mütter dahin gehend verbessert, dass diese während der Lebenserwerbsphase mehr Entgeltpunkte sammeln können, zum Beispiel durch umfassendere, nähere, günstigere und gerne auch qualitativ höhere Kinderbetreuungsplätze in Form von Ganztagsbetreuung mit (kostenlosem und gesundem) Mittagessen, sodass Vollzeitarbeit auch für Mütter dauerhaft möglich wird.

Eine andere Möglichkeit, um die große Rentenlücke für Frauen, insbesondere für Mütter, zu schließen, wäre ein politischer Schritt zur **deutlichen Aufwertung der Care-Arbeit,** auch sichtbar in der Rente. Statt wie derzeit drei Entgeltpunkte pro Kind könnten sechs oder besser gleich zwölf Entgeltpunkte die von der Bertelsmann Stiftung publizierten 40 % weniger Lebenserwerbseinkommen für das erste Kind besser ausgleichen. Es könnte gestaffelte Entgeltpunkte für das erste, zweite, dritte, … Kind geben, da die Erwerbseinkommensverluste beim ersten Kind am größten sind, sich aber mit jedem weiteren Kind trotzdem noch signifikant erhöhen.

Ungut wäre es definitiv, alles so zu belassen, wie es ist, und den Frauen, insbesondere den Müttern, gemeinhin und lapidar »selbst die Schuld« für die Einkommens- und Rentenlücken zu geben, wie es heutzutage oft – wenn auch unterschwellig – getan wird.

Aus Sicht der Hinterbliebenenrente und auch mit Blick auf die im Juli 2023 geäußerte Forderung der Wirtschaftsweisen Monika Schnitzer, das Rentensplitting grundsätzlich für alle neuen Ehen einzuführen, ist eine Erhöhung der Rentenanwartschaften für Frauen und insbesondere für Mütter – egal auf welche Art – höchst dringlich. Würde das Rentensplitting für neue Ehen eingeführt, würden zwar die während der Ehe gesammelten Entgeltpunkte gleichmäßig auf beide Ehepartner verteilt, die Hinterbliebenenrente würde jedoch gänzlich entfallen. Die Rentenlücke definiert sich nur über die Höhe der eigenen Altersrente und so würden augenscheinlich die Zahlen für Frauen durch ein Rentensplitting besser aussehen: Die Altersrente von Frauen würde sicher steigen. Faktisch aber hätten zumindest Hinterbliebene durch den Wegfall der Unterhaltsersatzleistung Hinterbliebenenrente deutlich weniger Geld zur Verfügung. Und wie wir ja inzwischen wissen, sind Hinterbliebene zu einem überwiegenden Anteil Frauen.

Durchschnitts-einkommen/Jahr	**Alte Bundesländer**	**Neue Bundesländer**
2025		

2024	45.358,– €	44.732,– €
2023	43.142,– €	41.967,– €
2022	42.053,– €	40.358,– €
2021	40.463,– €	38.317,– €

Jahr	Beitragsbemessungsgrenze		Durchschnittsentgelt		Umrechnungsfaktor	Durchschnittsentgelt Ost nach Umrechnung
	West	Ost	West	Ost		
2025	96.600,– €		50.493,– €	50.493,– €		
2024	90.600,– €	89.400,– €	45.358,– €	45.358,– €	1,014	44.732,– €
2023	87.600,– €	87.586,– €	44.732,– €	44.732,– €	1,028	43.514,– €
2022	84.600,– €	84.402,– €	42.053,– €	42.053,– €	1,042	40.358,– €
2021	85.200,– €	84.902,– €	40.463,– €	40.463,– €	1,056	38.317,– €

3 Renten wegen Todes – Grundlagen

Kommen wir also nun zum »Eingemachten« dieses Ratgebers, den Renten wegen Todes. Grundsätzlich kann im Fall des Todes gesetzlich versicherter Personen eine Rente wegen Todes durch die Hinterbliebenen beantragt werden. In der Regel ist das die **Witwenrente,** in manchen Fällen macht aber auch die **Erziehungsrente** Sinn. Für Waisen und Halbwaisen gesetzlich versicherter Verstorbener kann die **Halbwaisenrente** beantragt werden. Ist die Halbwaisenrente zu gering, kann sie mit **Unterhaltsvorschuss** aufgestockt werden. Versterben beide Elternteile, kann die Waise Vollwaisenrente beantragen, wobei wir uns in diesem Buch auf die Halbwaisenrente konzentrieren wollen.

Für alle genannten Renten sind die Einkommensgrenzen nach § 97 SGB VI zu beachten. Bei Waisenrenten wird seit dem 1.7.2015 **kein** Einkommen mehr angerechnet, aber Achtung: Halbwaisenrenten gehören wie alle anderen Renten auch zum zu versteuernden Einkommen der Waisen. Das Thema Steuern bekommt in diesem Ratgeber allerdings ein ganz eigenes Kapitel.

3.1 Neues Recht vs. altes Recht

Der Hintergrund: Mit der Rentenreform 1986 wurde die Hinzuverdienstgrenze eingeführt, um die zu diesem Zeitpunkt neu eingeführten Witwerrenten (für Männer) mitzufinanzieren (Quelle 5). Das Bundesverfassungsgericht sah eine Ungleichbehandlung von Männern und Frauen darin, dass grundsätzlich nur Frauen eine Witwenrente bekamen, während Männer diese nur selten zugesprochen bekamen und nur dann, wenn sie einwandfrei belegen konnten, dass der überwiegende Unterhalt der Familie von der verstorbenen Ehefrau erbracht wurde. »*Angesichts der Finanzlage der gesetzlichen Rentenversicherung kam nur eine Lösung in Betracht, die nicht zu Mehraufwendungen in der gesetzlichen Rentenversicherung führt*«, so der Petitionsausschuss (Quelle 6: Petitionsausschuss Anlage 3 zum Protokoll 19/69). Das war der Grundstein für die Einführung der Hinzuverdienstgrenze, mehr dazu unter Punkt 6 »Einkommensgrenze, Freibetrag, Hinzuverdienstgrenze«.

Im Jahr 2001 gab es eine weitere große Rentenreform: Mit Wirkung zum 1.1.2002 wurde für die Hinterbliebenenrenten das sogenannte neue Recht eingeführt, um wie es damals hieß, für Betroffene *»in 40 Jahren«* Gültigkeit zu haben (Ulrike Mascher, Staatssekretärin im Bundesarbeitsministerium, Quelle 7). Die Rentenreform von 2002 geht vollends auf Kosten der Frauen, denn neben dem allgemein gesenkten Rentenniveau wurde auch die Höhe der Hinterbliebenenrente von 60 % auf 55 % abgesenkt. Das bedeutet laut dem damaligen Präsidenten des Sozialverbandes Walter Hirrlinger, dass *»die betroffene Frau eines Tages zwischen acht und 15 % weniger [hat], als sie heute hätte.«* Offenbar gar nicht bei der Reform mitbedacht wurde, dass der Todesfall auch in der Erwerbslebensmitte eintreten kann und damit schon heute – nur 20 Jahre nach der Reform – genau die vulnerabelste gesellschaftliche Gruppe treffen kann: die verwitweten Alleinerziehenden.

3.1.1 Grundlagen neues Recht und altes Recht

Bevor wir zu den einzelnen Renten wegen Todes kommen, ist eine grundlegende Unterscheidung zwischen neuem Recht und altem Recht notwendig. Das sogenannte neue Recht wurde mit der Rentenreform zum 1.1.2002 eingeführt. Das **alte Recht** gilt demnach noch immer, wenn

- dein Ehepartner vor dem 1.1.2002 gestorben ist oder
- dein Ehepartner nach dem 31.12.2001 gestorben ist, du aber vor dem 1.1.2002 geheiratet hast und mindestens ein Ehepartner vor dem 2.1.1962 geboren ist.

3.1.2 Wesentliche Änderungen durch das neue Recht

Die Reform von 2002 sollte neben diversen Einsparaspekten auch die sogenannte Versorger-Ehe ausschließen. Das ist, wenn sprichwörtlich auf dem Sterbebett das Ehegelöbnis zur Versorgung einer Hinterbliebenen geschlossen wird. Aus diesem Grund wird bei Eheschließungen seit dem 1.1.2002 die Witwenrente nur noch gezahlt, wenn die **Ehe mindestens ein Jahr** bestanden hat. Dabei gibt es Ausnahmen: Stirbt der Ehepartner zum Beispiel bei einem Unfall, besteht auch bei kürzerer Ehedauer ein Rentenanspruch. Durch einen vollumfänglichen Nachweis, dass es sich **nicht** um eine Versorger-Ehe gehandelt hat, kann die Witwenrente in Ausnahmefällen auch bei kürzeren Ehephasen genehmigt werden, selbst wenn es sich nicht um einen Unfalltod handelt. Dieser Vorgang ist jedoch für Betroffene sehr aufwendig und meist emotional schwer zu stemmen, da viele private Details wie gemeinsamer Wohnort, gemeinsame Kinder, gemeinsame Urlaube und so weiter genannt und oft durch rechtliche Hilfe nachgewiesen werden müssen.

Wie oben schon erwähnt, brachte die Rentenreform mit dem neuen Recht neben dem Ausschluss der Versorger-Ehe entscheidende Änderungen mit sich. Diese sind wie folgt:

- Der Anspruch der großen Witwenrente wurde von 60 % auf 55 % gesenkt.
- Die kleine Witwenrente ist auf eine Dauer von 24 Monaten begrenzt (die Höhe beträgt 25 % des Anspruchs des Verstorbenen zum Todeszeitpunkt).
- Die Einführung des Kinderzuschlags.
- Die Einkommensanrechnung wurde erheblich ausgeweitet.
- Die Einführung eines Abschlags von bis zu 10,8 % für alle Renten mit einem Rentenbeginn nach 2000, unabhängig davon, ob altes oder neues Hinterbliebenenrecht Anwendung findet.

Was die genannten Punkte im Einzelnen bedeuten und was der Unterschied zwischen großer und kleiner Witwenrente ist, kannst du in den folgenden Abschnitten lesen.

3.1.3 Kinderzuschlag

Im Gegenzug zur Kürzung der Witwenrente von 60 % auf 55 % gibt es bei den Hinterbliebenenrenten nach neuem Recht zusätzliche Entgeltpunkte für Kinder, den sogenannten Kinderzuschlag. Der Kinderzuschlag für Witwen und Witwer, die Kinder erzogen haben, soll die Absenkungen des Versorgungssatzes von 60 % (beim alten Recht) auf 55 % (beim neuen Recht) ausgleichen. Für die Berücksichtigung zählt, ob du in den ersten drei Lebensjahren des Kindes diese überwiegend erzogen hast. Das aktuelle Lebensalter der Kinder spielt dabei keine Rolle. Der Zuschlag ermittelt sich in Entgeltpunkten und unterliegt somit auch der jährlichen Rentenanpassung zum 1. Juli.

Dieser rentenrechtliche Kinderzuschlag hat nichts mit dem allgemein bekannten Kinderzuschlag der Familienkasse gemein.

Höhe des Kinderzuschlags nach neuem Recht

Kinderzuschlag ab 1.7.2025[1])		
	erstes Kind	**jedes weitere Kind**
Kleine Witwenrente	37,08 €	18,54 €
Große Witwenrente	81,57 €	40,79 €

1) bei Kindererziehung bis zum vollendeten dritten Lebensjahr

Bei der großen Witwenrente wird der Zuschlag nach dem Sterbevierteljahr gezahlt, bei der kleinen Witwenrente ab der Beantragung. Was das Sterbevierteljahr genau ist, erfährst Du unter Punkt 3.4 »Sterbevierteljahr«. Die Höhe des Zuschlags hängt seit Juli 2023 von zwei Faktoren ab: der Anzahl der Kinder sowie dem Bezug der großen oder kleinen Witwenrente. Überschreitet die Witwenrente zusammen mit dem Zuschlag jedoch eine volle Monatsrente des Verstorbenen, so wird der Zuschlag begrenzt.

3.1.4 Was ist der Abschlag?

Der sogenannte Abschlag wurde zum 1.1.2001 eingeführt (§ 77 Abs. 2 Nr. 4 SGB VI). Er gilt für Renten mit einem Rentenbeginn nach 2000 und zwar unabhängig davon, ob altes oder neues Recht Anwendung findet. Was bedeutet das konkret?

Wenn dein Ehepartner vor dem 65. Geburtstag gestorben ist, wird deine Hinterbliebenenrente um einen Abschlag gekürzt. Das Gleiche gilt, wenn die Erziehungsrente vor dem eigenen 65. Geburtstag beginnt. Der Abschlag ist abhängig vom Lebensalter. Beginnt die Hinterbliebenen- beziehungsweise die Erziehungsrente vor dem 62. Geburtstag des Verstorbenen beziehungsweise bei der Erziehungsrente vor dem eigenen 62. Geburtstag, beträgt der Abschlag 10,8 %. Zwischen dem 62. und 65. Geburtstag beträgt der Abschlag 0,3 % für jeden Monat vor dem 65. Geburtstag.

Die korrekte Formel zur Berechnung des Abschlags ist:

EP × ZF (1,0 oder weniger) × RaF (0,55) × aRW.

Dabei bedeuten die Abkürzungen Folgendes:

- EP = Entgeltpunkt
- ZF = Zugangsfaktor
- RaF = Rentenartfaktor (bei Altersrente 1,0; bei Witwenrente 0,55 bzw. 0,6; bei Halbwaisenrenten 0,1 bzw. bei Vollwaisenrenten 0,2)
- aRW = aktueller Rentenwert

In einer Übergangszeit von 2012 bis 2023 wurden anstelle des 65. Lebensjahres die bisherigen Grenzen von 63 und 60 Jahren stufenweise auf 65 beziehungsweise 62 Jahre angehoben (§ 264d SGB VI). Bei Todesfällen ab 2024 gilt nun die Altersgrenze von 65 Jahren beim Tod der Versicherten.

Da dieser Abschlag vor allem für jung Verwitwete erheblich ist und den Anspruch der Renten wegen Todes deutlich mindert, ist es mir ein großes Anliegen, die Auswirkungen verständlich aufzuzeigen. Die folgende Tabelle zeigt den Abschlag nach dem Alter des Verstorbenen ab dem Jahr 2024, wobei die Berechnungen der Tabelle als plakativ genommen werden müssen, da es aufgrund der komplizierten Formel zu mathematischen Abweichungen kommen kann:

Alter des Verstorbenen	Fiktiver Rentenanspruch zum Todeszeitpunkt	Höhe Abschlag	verbleiben	Höhe Hinterbliebenenrente 55 %	Rentenhöhe faktisch
65	1.000,– €	keiner	1.000,– €	550,– €	55,00 %
64,12	1.000,– €	0,30 %	997,– €	548,35 €	54,84 %
64,11	1.000,– €	0,60 %	994,– €	546,70 €	54,67 %
64,10	1.000,– €	0,90 %	991,– €	545,05 €	54,51 %
64,9	1.000,– €	1,20 %	988,– €	543,40 €	54,34 %
64,8	1.000,– €	1,50 %	985,– €	541,75 €	54,18 %
64,7	1.000,– €	1,80 %	982,– €	540,10 €	54,01 %
64,6	1.000,– €	2,10 %	979,– €	538,45 €	53,85 %
64,5	1.000,– €	2,40 %	976,– €	536,80 €	53,68 %
64,4	1.000,– €	2,70 %	973,– €	535,15 €	53,52 %
64,3	1.000,– €	3,00 %	970,– €	533,50 €	53,35 %
64,2	1.000,– €	3,30 %	967,– €	531,85 €	53,19 %
64,1	1.000,– €	3,60 %	964,– €	530,20 €	53,02 %
63,12	1.000,– €	3,90 %	961,– €	528,55 €	52,86 %
63,11	1.000,– €	4,20 %	958,– €	526,90 €	52,69 %
63,10	1.000,– €	4,50 %	955,– €	525,25 €	52,53 %
63,9	1.000,– €	4,80 %	952,– €	523,60 €	52,36 %
63,8	1.000,– €	5,10 %	949,– €	521,95 €	52,20 %
63,7	1.000,– €	5,40 %	946,– €	520,30 €	52,03 %
63,6	1.000,– €	5,70 %	943,– €	518,65 €	51,87 %
63,5	1.000,– €	6,00 %	940,– €	517,– €	51,70 %

Alter des Verstorbenen	Fiktiver Rentenanspruch zum Todeszeitpunkt	Höhe Abschlag	verbleiben	Höhe Hinterbliebenenrente 55 %	Rentenhöhe faktisch
63,4	1.000,– €	6,30 %	937,– €	515,35 €	51,54 %
63,3	1.000,– €	6,60 %	934,– €	513,70 €	51,37 %
63,2	1.000,– €	6,90 %	931,– €	512,05 €	51,21 %
63,1	1.000,– €	7,20 %	928,– €	510,40 €	51,04 %
62,12	1.000,– €	7,50 %	925,– €	508,75 €	50,88 %
62,11	1.000,– €	7,80 %	922,– €	507,10 €	50,71 %
62,10	1.000,– €	8,10 %	919,– €	505,45 €	50,55 %
62,9	1.000,– €	8,40 %	916,– €	503,80 €	50,38 %
62,8	1.000,– €	8,70 %	913,– €	502,15 €	50,22 %
62,7	1.000,– €	9,00 %	910,– €	500,50 €	50,05 %
62,6	1.000,– €	9,30 %	907,– €	498,85 €	49,89 %
62,5	1.000,– €	9,60 %	904,– €	497,20 €	49,72 %
62,4	1.000,– €	9,90 %	901,– €	495,55 €	49,56 %
62,3	1.000,– €	10,20 %	898,– €	493,90 €	49,39 %
62,2	1.000,– €	10,50 %	895,– €	492,25 €	49,23 %
62,1	1.000,– €	10,80 %	892,– €	490,60 €	49,06 %
jünger	**1.000,– €**	**10,80 %**	**892,– €**	**490,60 €**	**49,06 %**

» **Am 31.12.2000 oder früher verstorben:** Josephines Mann hätte einen Anspruch auf Altersrente von 1.000,– €, das bedeutet, Josephines Witwenrente beträgt 600,– €. Diesen Betrag bekommt sie ausgezahlt (brutto). Das Alter des Verstorbenen ist bis zum 31.12.2000 unerheblich.

Am 01.01.2001 oder später verstorben: Sophias Mann hätte ebenfalls einen Anspruch auf Altersrente von 1.000,– €. Ihr Mann verstirbt aber nach dem 1.1.2001 und bereits im Alter von 55 Jahren, das bedeutet, die Berechnungsgrundlage von Sophias Witwenrente verringert sich um den vollen Abschlag von 10,8 % auf 892,– €. Sophia bekommt nur 55 % ausgezahlt, also 490,60 € (brutto).

Grundsätzlich ist der Abschlag ein weiteres Instrument, die Auszahlungen der Hinterbliebenenrenten zu verringern, der Abschlag orientiert sich dabei an den Abschlägen bei der Altersrente. Allerdings wird in der Öffentlichkeit sehr selten über den Abschlag bei den Hinterbliebenenrenten gesprochen, denn die Auswirkungen einer weiteren Verringerung der Hinterbliebenenrenten klingen politisch nicht gut. 55 % Witwenrente hört sich einfach besser an als gut 49 %.

3.2 Eine Hinterbliebenenrente als Unterhaltsersatzleistung

Kommen wir nun zu einer meiner Lieblingsstellen im Rentenrecht. Zugegeben etwas trocken, aber dennoch unerlässlich für das Verständnis der Hinterbliebenenrente und der Anrechnung von Einkommen: das Thema »die Hinterbliebenenrente als **Unterhaltsersatzleistung**«.

3.2.1 Folgen der Definition als Unterhaltsersatzleistung

Grundsätzlich gilt: Durch die Eheschließung sind Ehepartnerinnen und Ehepartner auch nach der Scheidung dazu verpflichtet, den Lebensbedarf des anderen Ehepartners sicherzustellen, wenn dieser dazu selbst nicht in der Lage ist und ein sogenannter Unterhaltstatbestand (§§ 1570 bis 1576 Bürgerliches Gesetzbuch (BGB)) erfüllt ist. Es besteht also eine **Unterhaltsverpflichtung** zwischen Ehepartnern. Bereits während der Ehe schulden sich die Ehepartner den sogenannten Familienunterhalt, also die gesetzliche Verpflichtung (finanziell) füreinander einzustehen. So sieht es beispielsweise auch das SGB XII, wonach vorrangig – vor der Gewährung von Sozialhilfe – der andere Ehepartner einstehen muss. Zwischen Trennung und Scheidung wird der sogenannte Trennungsunterhalt geschuldet. Nach der Ehe, also mit Rechtskraft der Scheidung, wird der sogenannte – nur in bestimmten Fällen zu zahlende – nacheheliche

Unterhalt geschuldet. Daneben gibt es den Betreuungsunterhalt und den Kindern geschuldeten Kindesunterhalt. Selbst Wikipedia weist der Ehe eine »materielle Versorgung« zu, obwohl es in Deutschland üblich ist, (fast ausschließlich) aus Liebe zu heiraten. Die Ehe ist letztendlich eine **Wirtschaftsgemeinschaft.**

Der Petitionsausschuss erklärt eine Unterhaltsersatzleistung so: *»Diese Unterhaltsverpflichtung greift die Hinterbliebenenrente auf, in dem sie als eine von der Versichertenrente des Verstorbenen* ***abgeleitete*** *Rente dem* ***Ersatz des Unterhaltsanspruchs*** *dient, den die Witwe [oder] der Witwer gegenüber ihrem Ehemann [oder] seiner Ehefrau zu dessen Lebzeiten hatte. [Die Hinterbliebenenrenten] haben Unterhaltsersatzfunktion, die durch langjährige Rechtsprechung des Bundesverfassungsgerichts bestätigt wurde. Die Witwen- und Witwerrenten resultieren aus der im Bürgerlichen Gesetzbuch festgelegten gegenseitigen Unterhaltspflicht der Ehegatten und treten an die Stelle des Unterhalts, den ein verstorbener Ehegatte nicht mehr erbringen kann und zwar nicht nur im Alter, sondern auch bei vorzeitigem Tod.*

Zwar hat das Bundesverfassungsgericht in seinem Urteil zur Einkommensanrechnung auf Hinterbliebenenrenten festgestellt, dass der Eigentumsschutz des Grundgesetzes, dem Versichertenrenten und Rentenanwartschaften aus der gesetzlichen Rentenversicherung grundsätzlich unterliegen, nicht für Hinterbliebenenrenten gilt, da sie nicht auf einer dem Versicherten zurechenbaren Leistung beruhen.

Aus dieser Äußerung folgt, dass prinzipiell einschränkende Maßnahmen im Hinterbliebenenrecht zulässig sind. […] Das Gericht hat in ständiger Rechtsprechung auch dargelegt, dass die Hinterbliebenenversorgung ein wesentlicher Bestandteil der Sozialversicherung und ein besonders prägnanter Ausdruck des Sozialstaatprinzips ist.« (Quelle 8: Petition 134633 Antwort)

Was heißt das jetzt auf Deutsch?

Das bedeutet, dass die Hinterbliebenenrenten nach dem Tod eines Ehegatten als Ersatz für einen – wenngleich theoretischen – Unterhalt während der Ehezeiten treten. Eine sogenannte **abgeleitete Rente** ist die Hinterbliebenenrente deswegen, weil sie aus dem Konto des Verstorbenen an eine andere Person ausgezahlt wird, nämlich der Hinterbliebenen. Es bekommt also eine Person eine Rente, für die sie selbst niemals Beiträge einbezahlt hat. Rentenanwartschaften und -ansprüche genießen verfassungsrechtlichen **Eigentumsschutz;** sie sind also »sicher«, wie einst schon Dr. Norbert Blüm (CDU) in einem etwas anderen Kontext sagte. Die Hinterbliebenenrenten jedoch unterliegen nicht dieser »Sicherheit«, womit klargestellt ist, dass Kürzungen grundsätzlich erlaubt – und damit auch verfassungskonform – sind. Und im letzten Punkt wird nochmals darauf verwiesen, dass die Hinterbliebenenrenten eine besonders geniale Leistung des Sozialsystems in Deutschland sind. Schaut man sich viele andere Länder der Welt an, in denen es keinerlei Hinterbliebenenversorgung gibt, stimmt das ja auch.

Eine fürsorglich motivierte Leistung

»Der Petitionsausschuss hebt hervor, dass die Hinterbliebenenrente eine ***vorwiegend fürsorglich motivierte Leistung der Rentenversicherung*** *ist, weil sie* ***ohne eigene Beitragsleistung des Rentenempfängers****, d. h. des Hinterbliebenen und ohne erhöhte Beitragsleistung des Versicherten gewährt wird. Der Gedanke des* ***sozialen Ausgleichs*** *wird dadurch betont, dass die Vorsorge für die eigenen Angehörigen bei der individuellen Beitragsbemessung des Versicherten unberücksichtigt bleibt. Vielmehr trägt jeder Versicherte über seinen Beitrag zugleich auch zur Versorgung aller Hinterbliebenen von Versicherten bei. Auch wer keine unterhaltsberechtigten Angehörigen hat, zahlt gleiche Beiträge. Da Verheiratete im Vergleich zu anderen Versicherten für die Versorgung ihrer Witwen oder Witwer keine zusätzlichen Beiträge zahlen, ist die Zahlung von Hinterbliebenenrenten ein Familienlastenausgleich innerhalb der Rentenversicherung zugunsten der Verheirateten.«* (Quelle 5)

Damit drückt der Petitionsausschuss deutlich aus, dass es **keine eigenen Beiträge** für die Hinterbliebenenrenten gibt –, so, wie es diese etwa für die Pflegeversicherung gibt – sondern, dass alle Auszahlungen aus der normalen Rentenversicherung gezahlt werden. Auch werden die Beiträge zur Rentenversicherung durch eine Hochzeit zur Absicherung der Ehepartnerin oder des Ehepartners nicht erhöht, sondern die Beiträge bleiben gleich und werden aus dem gemeinsamen Topf genommen. **Hinterbliebenenrenten werden von allen zahlenden Rentenversicherten gemeinsam gestemmt,** also auch von unverheirateten Versicherten.

Dieser letzte zusammengefasste Punkt ist ein wesentliches Argument für diejenigen in Deutschland, die wegen der immer wieder in der Öffentlichkeit stehenden offenbar angespannten finanziellen Situation der Deutschen Rentenversicherung gerne die generelle Abschaffung der Hinterbliebenenrenten fordern.

Die Hinterbliebenenrenten werden nicht abgeschafft

Allerdings steht eine gänzliche Abschaffung der Hinterbliebenenversorgung wohl nicht im Einklang mit unserer Verfassung: *»[…] kann eine Abschaffung der Hinterbliebenenversorgung schon aus verfassungsrechtlichen Gründen nicht in Betracht kommen«*, so der Petitionsausschuss (Quelle 8: Petition 134633 Antwort).

Gleichzeitige Erwerbseinkommen neben der Hinterbliebenenrente und der Kindererziehung

Wird neben dem Bezug der Witwenrente noch ein Kind oder mehrere Kinder erzogen, so kann das (außer der Erhöhung des Freibetrags) keine Auswirkungen auf die Hinterbliebenenrenten haben. Auch dazu hat der Petitionsausschuss klar Stellung bezogen: *»Die Witwen- bzw. Witwerrenten verfolgt nicht das Ziel, einen Ausgleich zu schaffen, wenn neben der Kindererziehung noch einer sozialversicherungspflichtigen Beschäftigung nachgegangen wird.«* (Quelle 9: Petition 127078 Antwort).

3.2.2 Einordnung der Hinterbliebenenrente als Versicherungsleistung

Die Hinterbliebenenrente wird zwar sowohl vom Petitionsausschuss als auch vom Bundesverfassungsgericht als Unterhaltsersatzleistung eingestuft, sie ist dennoch in erster Linie **eine Versicherungsleistung.** Sie wird aus der gesetzlichen Rentenversicherung finanziert, in die der verstorbene Versicherte zuvor durch **eigene Beitragszahlungen** eingezahlt hat. Damit **basiert der Anspruch auf einer individuellen Vorsorgeleistung** und nicht auf einer allgemeinen steuerfinanzierten Unterstützung.

Gerade im Kontext einer Ehe oder einer eingetragenen Lebenspartnerschaft ist wichtig zu betonen, dass **diese Beiträge gemeinsam erwirtschaftet** wurden (siehe Wirtschaftsgemeinschaft weiter oben): Oft haben Ehepartner wirtschaftlich kooperiert und das gemeinsame Einkommen aufgeteilt, auch wenn nur eine Person unmittelbar Beiträge entrichtet hat. Die Hinterbliebenenrente ist somit auch **Ausdruck einer finanziellen Lebensleistung innerhalb einer Partnerschaft.**

Trotz dieser klaren Zuordnung zur Versicherungslogik wird die Hinterbliebenenrente von einigen Behörden **formal als Sozialleistung** behandelt. Der Grund dafür liegt im Sozialverwaltungsrecht: Nach dem Sozialgesetzbuch (SGB) werden sämtliche Leistungen, die der sozialen Sicherung dienen – unabhängig davon, ob sie beitragsfinanziert oder steuerfinanziert sind – unter dem Oberbegriff »Sozialleistungen« geführt. Für Verwaltungsverfahren, etwa zur Anrechnung von Einkommen bei Bürgergeld oder Sozialhilfe, wird die Hinterbliebenenrente daher als Sozialleistung behandelt. Diese Definition darf jedoch nicht darüber hinwegtäuschen, dass der Anspruch nicht auf Bedürftigkeit, sondern auf vorheriger eigener Beitragsleistung beruht.

Bedeutung der Definition als Versicherungsleistung vs. Sozialleistung

Es ist für uns von großer Bedeutung, die Hinterbliebenenrente **im öffentlichen Diskurs und auch rechtlich als Versicherungsleistung zu betiteln und damit auch zu framen.** Nur so bleibt sichtbar, dass hier nicht eine staatliche Fürsorgeleistung erbracht wird, sondern dass die Zahlung der Witwenrente **Ausdruck von erworbener sozialer Sicherheit ist – verdient durch Arbeit, Beitragszahlung und partnerschaftliche Lebensgestaltung.** Diese Perspektive schützt die Würde der Hinterbliebenen und bewahrt die gesellschaftliche Anerkennung ihrer Ansprüche.

3.2.3 Gemeinsamkeiten zum Unterhalt

Einer der meistaufgeführten Satzbausteine des Petitionsausschusses bezüglich Petitionen zu den Hinterbliebenenrenten ist folgender: *»Denn bei einer Unterhaltsersatzleistung – wie der Hinterbliebenenrente – kann grundsätzlich nichts anderes gelten als im Unterhaltsrecht.«* (Quelle 5). Ich werde diesen Satz im weiteren Verlauf dieses Ratgebers immer wieder zitieren.

Ganz wichtig zu wissen ist, dass die Hinterbliebenenrenten nicht das frühere Einkommen des Verstorbenen ersetzen sollen, sondern (nur) *»den **Unterhalt,** den der verstorbene Versicherte aus seinem Einkommen geleistet hat. Nach dem Tod eines Ehegatten tritt an die Stelle des Unterhalts, den der verstorbene Ehegatte nicht mehr erbringen kann, die Hinterbliebenenrente aus der gesetzlichen Rentenversicherung. Wie bei der Höhe des Unterhaltsanspruchs vor dem Tode wird auch bei der Hinterbliebenenversorgung eigenes Erwerbs- und Erwerbsersatzeinkommen berücksichtigt, das heißt, wer über eigenes Einkommen verfügt, hat auch zu Lebzeiten des Ehegatten diesem gegenüber **einem geringeren Unterhaltsanspruch als ein Ehegatte, der über kein eigenes Einkommen verfügt.«*** (Quelle 5).

Und weiter schreibt der Petitionsausschuss:

»Bei der Festlegung der Höhe des Freibetrags wurde sich an der Höhe des Betrages orientiert, der nach den von der Rechtsprechung entwickelten Grundsätzen einem unterhaltspflichtigen Ehegatten als ***notwendiger Selbstbehalt*** *verbleiben sollte.«* (Quelle 10)

Zusammengefasst auf Deutsch:

Die Hinterbliebenenrenten ersetzen den Unterhalt des Verstorbenen und dürfen aufgrund von Einkommen gekürzt werden. Hierbei orientierte man sich am sogenannten notwendigen Selbstbehalt im Unterhaltsrecht – erst ein Einkommen, welches diesen Betrag überschreitet, kürzt die Hinterbliebenenrente. So weit, so klar.

3.2.4 Unterschiede zum Unterhalt

Aber welche Unterschiede gibt es denn nun zwischen Unterhalt und Unterhaltsersatzleistung?

Es gibt einige wesentliche Unterschiede, die für Betroffene wichtig sind:

- Die Hinterbliebenenrenten werden aus den bisherigen Einzahlungen des Verstorbenen berechnet – Unterhalt aus dem aktuellen Einkommen. Das kann vor allem in der Mitte der Lebenserwerbseinkommensphase ein erheblicher Unterschied sein: Während das aktuelle Einkommen (oder das letzte Einkommen des Verstorbenen) durchaus sehr hoch sein kann, fanden die Renteneinzahlungen noch nicht über viele Jahrzehnte statt. Deswegen fallen die Hinterbliebenenrenten oft deutlich geringer aus, als es ein vergleichbarer Unterhalt wäre.
- Ist bei unterhaltspflichtigen Personen das derzeitige Einkommen über der Beitragsbemessungsgrenze, steigt auch der Unterhalt entsprechend. Die Düsseldorfer Tabelle 2025 weist als nicht verbindliche Richtwerte zur Ermittlung von Unterhaltsansprüchen monatliche Nettoeinkommen bis zu 11.200,– € auf, bei noch

höherem Einkommen kann eine Unterhaltszahlung zwischen den Ex-Ehepartnern auch verhandelt werden. Renteneinzahlungen jedoch sind bis zur Beitragsbemessungsgrenze limitiert (wir erinnern uns: 8.050,– € pro Monat im Jahr 2025), womit auch die gesammelten Entgeltpunkte einer Person mit hohem Einkommen limitiert sind. Auch das hat Auswirkungen auf die Höhe der Hinterbliebenenrenten.

- Der notwendige Selbstbehalt einer unterhaltspflichtigen Person – der einstige Vergleichswert bei der Einführung der Einkommensgrenzen im Jahr 1986 – liegt im Jahr 2025 bei erwerbstätigen Unterhaltspflichtigen bei 1.450,– € und steigt bei jeder Stufe der Düsseldorfer Tabelle. Bei nicht erwerbstätigen Unterhaltspflichtigen liegt der Selbstbehalt bei 1.200,– €. Die Einkommensgrenze der Hinterbliebenenrente liegt jedoch nur bei 1.038,05 €.
- Unterhalt wird – bis auf eine Ausnahme – nicht versteuert, die Hinterbliebenenrenten gehören nach den Grundsätzen der nachgelagerten Besteuerung jedoch zum zu versteuernden Einkommen. Reiner Kindesunterhalt wird nie versteuert, Waisenrenten schon (keine Angst, das kommt selten vor, ist aber theoretisch möglich, mehr dazu später).

Folgende Auswirkungen sind das im Detail:

- Das unterhaltsberechtigte Kind muss den Kindesunterhalt nicht versteuern, egal in welchem Alter das unterhaltsberechtigte Kind ist. Das (halb)waisenrentenberechtigte Kind muss seine Waisenrente bei zusätzlichem eigenem Einkommen, zum Beispiel während einer Ausbildung oder einem dualen Studium, sehr wohl versteuern.
- Die Waisenrente wird in Höhe der tatsächlich geleisteten Auszahlbeträge als Einkommen der/des Auszubildenden gewertet und ist auf den Bedarf für BAföG anzurechnen, hierbei ausgenommen gibt es Freibeträge je nach Art der Ausbildung. Der normale Kindesunterhalt gilt jedoch nicht als Einkommen und bleibt deswegen bei allen BAföG-Anträgen beim Punkt Einkommen unbeachtet.

- Der unterhaltspflichtige (Ex-)Ehegatte kann zur Ermittlung der Höhe des Unterhalts und des Selbstbehalts eigene Kosten für Wohnen (Miete, Darlehen) sowie Kosten für Versicherungen zum Beispiel private Rentenversicherungen mindernd geltend machen. Für die Ermittlung des fiktiven Netto-Einkommens bei der Hinterbliebenenrente sind die tatsächlichen Kosten für die allgemeine Lebensführung sowie die für private Rentenversicherungen aufzuwendenden Kosten völlig irrelevant.

» **Witwenrente:** Inga ist gerade 40, als ihr 48-jähriger Ehemann im Jahr 2017 an Krebs verstirbt. Als Manager hat ihr Mann stets ein sechsstelliges Jahresgehalt erwirtschaftet, in den Entgeltpunkten spiegelt sich das allerdings nicht wider. Durch eine lange Phase des Studiums des Ehemannes und den Versorgungsausgleich nach der Scheidung der ersten Ehe stehen Inga statt des hohen Managergehalts nur noch 577,65 € Hinterbliebenenrente als Unterhaltsersatzleistung zu – brutto natürlich (wahre Zahlen).

Halbwaisenrente: Der Ehemann von Inga hatte drei Kinder aus erster Ehe. Diesen zahlte er monatlich einen Kindesunterhalt von 450,– € pro Kind, was zum Zeitpunkt der Vereinbarung unter den Eheleuten einige Jahre zuvor etwa Stufe 7 der gültigen Düsseldorfer Tabelle entsprach. Nach dem Tod des Vaters der Kinder wird die Halbwaisenrente aus dem Rentenkonto des Managers berechnet und fortan stehen den Kindern nur noch 217,– € Halbwaisenrente zur Verfügung (wahre Zahlen).

Schlussfolgerung

»Denn bei einer Unterhaltsersatzleistung – wie der Hinterbliebenenrente – kann grundsätzlich nichts anderes gelten als im Unterhaltsrecht.« (Quelle 5).

Dieser Satz hat somit keine Substanz.

3.3 Anspruchsvoraussetzungen der Hinterbliebenenrenten

Nachdem wir nun einige wichtige Grundregeln der Hinterbliebenenrente verstanden haben, kommen wir nun zu der Frage, wann du denn eigentlich Anspruch darauf hast?

Grundsätzlich besteht der Anspruch auf eine Witwenrente, wenn du bis zum Tod deines Ehepartners oder deiner Ehepartnerin miteinander verheiratet warst und deine Ehe mindestens ein Jahr bestanden hat. Die Ehe darf nicht rechtskräftig geschieden oder für nichtig erklärt oder aus sonstigen Gründen aufgehoben sein. Ob du tatsächlich zusammen oder getrennt lebtest, spielt dabei keine Rolle. Wenn du nur verlobt warst, ohne Eheschließung zusammengelebt hast oder in Deutschland nur religiös getraut wurdest, erhältst du keine Witwenrente.

Grundsätzlich hast du Anspruch auf eine Witwenrente, wenn

- dein verstorbener Ehepartner die **allgemeine Wartezeit** von fünf Jahren (Mindestversicherungszeit) erfüllt oder diese vorzeitig erfüllt ist (z.B. durch einen Arbeitsunfall) oder er bereits eine Rente bezogen hat und
- du nicht wieder geheiratet hast.

Merke: Die allgemeine Wartezeit ist sicher erfüllt, wenn der Verstorbene bereits eine Renteninformation von der Deutschen Rentenversicherung erhalten hat.

Eine Ehe besteht bis zur Scheidung

Eine Ehe ist so lange gültig, wie sie nicht geschieden, aufgehoben oder für nichtig erklärt worden ist. Somit haben Verheiratete, auch wenn sie – was gar nicht selten passiert – seit Jahren getrennt leben und unter Umständen sogar ihren Ehepartner aus dem Blick verloren haben, nach dessen Tod Anspruch auf Hinterbliebenenrente. Das gilt auch dann, wenn einer der Partner im laufenden Scheidungsverfahren verstirbt.

3.4 Sterbevierteljahr

Für die auf den Sterbemonat folgenden drei Kalendermonate erhältst du die Witwenrente in voller Höhe der Versichertenrente. In diesem sogenannten **Sterbevierteljahr** werden die Hinterbliebenenrenten mit einem Satz von 100 % geleistet. Das bedeutet: Du erhältst eine Witwenrente in voller Höhe der Versichertenrente. Hat der Verstorbene oder die Verstorbene bereits Altersrente, Rente wegen voller Erwerbsminderung oder Rente wegen Erwerbsunfähigkeit bezogen, ist deren Rentenhöhe auch während des Sterbevierteljahrs der Witwenrente maßgeblich.

Dieser erhöhte Rentenbetrag soll Betroffenen den Übergang auf die veränderten finanziellen Verhältnisse erleichtern. Zum anderen erfolgt im Sterbevierteljahr – anders als danach – keine Anrechnung des Einkommens, das die Witwe oder der Witwer selbst erzielt. Während des Sterbevierteljahres wird also kein eigenes Einkommen angerechnet. Die danach gesetzlich vorgesehene Verringerung der Hinterbliebenenrente auf 55 % bzw. 60 % bei einer großen Witwenrente oder auf 25 % bei einer kleinen Witwenrente erfolgt also erst ab dem vierten Kalendermonat.

» Klaus verstirbt am 15. Februar. Als Monate für das Sterbevierteljahr für seine hinterbliebene Witwe gelten die Monate März, April und Mai. Geregelt ist das in den §§ 67, 97 SGB VI.

Wenn Klaus zum Todeszeitpunkt bereits Altersrente bezogen hat, wird ihm im Februar seine volle Altersrente ausbezahlt. Wenn Klaus jedoch jung verstirbt und noch in einem Angestelltenverhältnis war, wird ihm bis zum Todestag sein Lohn oder Gehalt ausgezahlt.

Hinweis: Manche Arbeitgeber zahlen auch den vollen Monat Lohn oder Gehalt aus oder – in Ausnahmefällen – auch eine höhere Zahlung für die Witwe. Dies sind jedoch freiwillige Zahlungen der Arbeitgeber und sie variieren sehr stark in der Höhe.

3.5 Anhebung der Altersgrenze – »Rente mit 67«

Die Anhebung der Altersgrenze – bekannt als »Rente mit 67« – wirkt sich auch auf die Witwenrente aus. Die Altersgrenze für die große Witwenrente steigt stufenweise von 45 auf 47 Jahre. Die Anhebung ist vom Todesjahr des Versicherten abhängig und beginnt für Todesfälle ab dem 1.1.2012. Hier die Anhebungen übersichtlich in einer Tabelle:

Anhebung der Altersgrenze auf 47 Jahre			
Todesjahr des Versicherten	**Anhebung um ... Monate**	**auf das Alter**	
		Jahr	**Monat**
2012	1	45	1
2013	2	45	2
2014	3	45	3
2015	4	45	4
2016	5	45	5
2017	6	45	6
2018	7	45	7
2019	8	45	8
2020	9	45	9
2021	10	45	10
2022	11	45	11
2023	12	46	0
2024	14	46	2
2025	16	46	4
2026	18	46	6
2027	20	46	8
2028	22	46	10
ab 2029	24	47	0

! Die Anhebung wirkt sich nicht aus, wenn du die große Witwenrente wegen der Erziehung eines Kindes erhältst oder weil du erwerbsgemindert bist. Warum ist das so? Weil du – egal wie alt du selbst bist – immer Anspruch auf die große Witwenrente hast, wenn du ein Kind erziehst oder selbst erwerbsgemindert bist. Es gibt da allerdings eine ungünstige Ausnahme …

Die ungünstige Ausnahme

Wenn du früh Kinder bekommen hast und deine Partnerin oder dein Partner auch noch früh verstirbt, kann es sein, dass du Betroffene dieser Ausnahme wirst. Du hast nämlich so lange Anspruch auf die große Witwenrente, bis dein jüngstes Kind 18 Jahre alt wird. Wenn du zu diesem Zeitpunkt noch nicht die Altersgrenze erreicht hast, entfällt der Anspruch so lange, bis du die Altersgrenze erreicht hast. Dann kannst du die große Witwenrente neu beantragen, und ja, du musst sie aktiv beantragen.

» Du selbst bist erst 40 Jahre alt, als dein Mann im Jahr 2024 verstirbt. Dein Kind ist zu diesem Zeitpunkt schon 16 Jahre alt, das bedeutet, du bekommst die große Witwenrente, weil du ein Kind erziehst. Wird dein Kind aber 18, bist du erst 42 Jahre alt und hast damit die Altersgrenze noch nicht erreicht. Damit entfällt der Anspruch auf die große Witwenrente so lange, bis du die Altersgrenze erreicht hast. Das ist in diesem Beispiel erst mit deinem 47. Geburtstag im Jahr 2031. In dieser Zeit hast du keinen Anspruch und bekommst keine Witwenrente. Und ja, es zählt der 18. Geburtstag deines Kindes und nicht das Ende der Ausbildung oder andere Zeitpunkte, die über die Versorgung eines Kindes entscheiden wie zum Beispiel der Erhalt von Kindergeld.

Hinweis: Solltest du zum Zeitpunkt des 18. Geburtstags deines jüngsten Kindes die große Witwenrente noch nicht länger als 24 Monate erhalten haben (neues Recht), kannst du für die verbleibenden Monate die kleine Witwenrente beantragen und so die Zeit bis zum Erreichen der Altersgrenze etwas überbrücken.

3.6 Krankenversicherung der Rentner und Pflegeversicherungsbeiträge

Als rentenbeziehende Person bist du in der Regel über die Krankenversicherung der Rentner (KVdR) pflichtversichert. Das bedeutet auch für die Hinterbliebenenrenten, dass hälftige Beiträge zur Krankenversicherung selbst übernommen werden müssen und vor der Auszahlung durch den Rentenversicherungsträger einbehalten und abgeführt werden.

Der allgemeine Beitragssatz beträgt einheitlich für alle Krankenkassen 14,6 %. Die Höhe des Zusatzbeitrages wird von der Krankenkasse festgelegt, bei der du normalerweise beitragspflichtig versichert bist. Der gesetzliche durchschnittliche Zusatzbeitragssatz ist eine rechnerische Größe und liegt seit Anfang 2025 bei 2,5 %.

Pflegeversicherungsbeiträge werden sogar in voller Höhe von den Rentnerinnen und Rentner getragen. Auch diesen Beitrag behält der Rentenversicherungsträger ein und überweist ihn automatisch an die Pflegeversicherung. Für kinderlose Rentner wird ein Beitragszuschlag in Höhe von 0,6 % erhoben. Das bedeutet, dass kinderlose Rentner – auch Hinterbliebenenrentnerinnen – eine Pflegeversicherung von 4 % zahlen (wird erst ab dem 23. Lebensjahr erhoben).

Nicht beitragspflichtig sind dank einer Petition und sieben Jahren (rechtlichen) Streit durch Hermann Beckmann die Halbwaisen- und Waisenrenten. Seit dem 1.1.2017 sind Waisen beitragsfrei krankenversichert, solange sie die Altersgrenze für eine Familienversicherung in der gesetzlichen Krankenkasse noch nicht erreicht haben, und das ist in der Regel der 25. Geburtstag. Die Beitragsfreiheit der Waisenrente bezieht sich auch auf die Beiträge zur Pflegeversicherung.

Doppelte Beiträge für die Krankenversicherung fühlt sich ungerecht an

Für viele noch erwerbstätige Verwitwete fühlen sich die Beiträge zur Krankenversicherung und zur Pflegeversicherung an wie eine doppelte finanzielle Bestrafung, zahlen sie diese Beiträge doch schon aus ihrem Einkommen.

Wenn du jedoch bedenkst, dass die Hinterbliebenenrenten – wie jede andere Rente auch – als Einkommen gewertet werden, dann ist das Verständnis dieser Regelung vielleicht einfacher. Eigentlich ist es ja nur logisch: Erhöht sich dein Einkommen, erhöhen sich auch deine Beiträge zur Kranken- und Pflegeversicherung. Durch die Hinterbliebenenrenten erhöht sich dein Einkommen und damit erhöhen sich auch deine zu zahlenden Beiträge. Es ist demnach keine doppelte Zahlung, sondern nur eine **Erhöhung der Beitragszahlung** durch eine Erhöhung deines Einkommens.

Hinweis: Bei freiwillig Krankenversicherten wird sogar die gesamte wirtschaftliche Leistungsfähigkeit des Mitgliedes berücksichtigt, sodass auch Einkünfte aus Vermietung, Verpachtung oder Kapitalvermögen der Beitragsberechnung zugrunde gelegt werden.

---

4 Renten wegen Todes – Arten

Jetzt sind wir schon bei Kapitel 4 und du hast das Gefühl, immer noch nicht weiter gekommen zu sein? In diesem Abschnitt geht es erst einmal darum, welche Renten es für Hinterbliebene überhaupt gibt und wie sich die Renten nach neuem und altem Recht unterscheiden. Wenn du einen Familienangehörigen verlierst, kann diesen emotionalen Verlust niemand ersetzen. Die gesetzliche Hinterbliebenenrente hat aber den Anspruch, den Unterhaltsverlust zumindest finanziell etwas auszugleichen und damit die wirtschaftliche Existenz von Hinterbliebenen zu sichern. Ob das mit den bestehenden Gesetzen immer gelingt, sei dahingestellt, aber in vielen anderen Ländern auf der Welt gibt es eine solche Absicherung nicht.

Eine Rente wegen Todes ist in der deutschen gesetzlichen Rentenversicherung eine Rentenart, die wegen Todes geleistet wird. Renten wegen Todes sind die Witwen- und Witwerrente, die Erziehungsrente und die Waisenrente. Dabei ist die Erziehungsrente die einzige Rente, die nicht aus dem Rentenkonto des Verstorbenen, sondern aus dem eigenen Rentenkonto ausgezahlt wird. Auch bei der Erziehungsrente ist der Tod des Ex-Ehepartners oder des Ehepartners mit anschließendem Rentensplitting das ausschlaggebende Merkmal zur Anspruchsberechtigung. Die Erziehungsrente hat aus diesem Grund eine besondere Bedeutung – auch für Verwitwete aus intakter Ehe –, weswegen das Kapitel über die Erziehungsrente deutlich länger ist.

Es ist wichtig zu wissen, dass verwitwete Alleinerziehende in vielen Fällen eine Wahl zwischen der Witwenrente und der Erziehungsrente haben. Mehr dazu unter Punkt 4.3 »Die Erziehungsrente«.

Insgesamt wird immer **zwischen altem und neuem Recht** unterschieden und zwischen **großer und kleiner Witwenrente.** Deswegen waren die vorangegangenen Kapitel so wichtig.

4.1 Große Witwenrente und Witwerrente

Anspruch auf eine **große Witwenrente** hast du, wenn du

- das 47. Lebensjahr vollendet hast oder
- erwerbsgemindert oder nach dem ab 31.12.2000 geltenden Recht berufs- oder erwerbsunfähig bist oder
- ein eigenes Kind oder ein Kind des Verstorbenen erziehst, welches noch nicht 18 Jahre alt ist (hierzu zählen unter bestimmten Voraussetzungen auch Stief- und Pflegekinder, Enkel und Geschwister). Das Gleiche gilt, wenn du für ein behindertes eigenes Kind oder ein Kind des verstorbenen Ehepartners sorgst, das sich nicht selbst unterhalten kann (unabhängig von dessen Alter).

4.1.1 Große Witwenrente nach altem Recht

Für viele Witwen und Witwer gilt aus Vertrauensschutzgründen noch nicht das neue Hinterbliebenenrentenrecht. Die alten Regelungen sind weiterhin maßgebend, wenn

- dein Ehepartner vor dem 1.1.2002 gestorben ist oder
- dein Ehepartner nach dem 31.12.2001 gestorben ist, du aber vor dem 1.1.2002 geheiratet hast und mindestens ein Ehepartner vor dem 2.1.1962 geboren ist.

Die große Witwenrente nach altem Recht **beträgt 60 % des Anspruchs des Verstorbenen** zum Todeszeitpunkt. Es gelten andere (einfachere) Regeln bei der Einkommensanrechnung und der Abschlag betrifft nur Renten mit einem Rentenbeginn nach 2000.

Nach altem Recht bekommen 673.514 Männer die große Witwenrente und sage und schreibe 4.155.088 Frauen (Stand 31.12.2023). Die Anzahl der Berechtigten wird mit den Jahren immer weiter abnehmen.

4.1.2 Große Witwenrente nach neuem Recht

Du bist verwitwet und hast nach Punkt 4.1 Anspruch auf die »große Witwenrente«, gehörst aber nicht zum oben genannten Personenkreis für das alte Recht? Dann hast du wahrscheinlich Anspruch auf die große Witwenrente nach neuem Recht. Grundsätzlich besteht nach neuem Recht erst dann ein Anspruch auf Witwenrente, wenn die **Ehe mindestens ein Jahr** bestanden hat – allerdings gibt es Ausnahmen: Bei einem plötzlichen Unfalltod beispielsweise kann auch eine kürzere Ehedauer einen Rentenanspruch begründen. Die große Witwenrente nach neuem Recht **beträgt nur 55 % des Anspruchs des Verstorbenen** zum Todeszeitpunkt. Ist dein Ehepartner vor seinem 65. Geburtstag gestorben, wird die Witwenrente um einen Abschlag gemindert. Es gelten deutlich ausgeweitete Regeln bei der Einkommensanrechnung.

Nach neuem Recht bekommen 70.179 Männer die große Witwenrente und 277.654 Frauen (Stand 31.12.2023). Die Anzahl der Berechtigten wird mit den Jahren immer weiter zunehmen.

Junge Mütter und die Altersgrenze

Du hast früh Kinder bekommen und erreichst die Altersgrenze erst, nachdem deine Kinder (schon lange) 18 Jahre alt sind? Die Anspruchsberechtigung für die große Witwenrente entfällt mit dem Tag beziehungsweise dem Monat, in dem das jüngste Kind 18 Jahre alt wird. Ab diesem Zeitpunkt bis zum Erreichen der Altersgrenze bist du aus Sicht der Deutschen Rentenversicherung keine Witwe mehr. Die große Witwenrente kann neu beantragt werden, sobald du die Altersgrenze erreichst. Dies muss allerdings aktiv gemacht werden, das geht nicht automatisch.

» Lena ist 29 Jahre alt, als ihr Mann im Jahr 2024 stirbt. Das gemeinsame Kind ist vier Jahre alt. Das bedeutet, dass Lena erst 43 Jahre alt ist, wenn das Kind im Jahr 2038 seinen 18. Geburtstag feiern wird. Lena hat damit die Altersgrenze von 47 Jahren noch nicht erreicht und die Zahlung der großen Witwenrente wird eingestellt. Erst wenn Lena im Jahr 2042 mit 47 Jahren die Altersgrenze erreicht hat, kann sie die große Witwenrente neu beantragen.

Lustiges Beantragen

Hast du die große Witwenrente nach neuem Recht bei Erreichen der Altersgrenze noch weniger als 24 Monate lang bekommen, kannst du die kleine Witwenrente beantragen und für die verbleibenden Monate bekommen. Wenn du dann die Altersgrenze erreicht hast, kannst du wieder die große Witwenrente beantragen.

» Tina ist 44 Jahre alt, als ihr Mann im Jahr 2024 stirbt. Das gemeinsame Kind ist 17 Jahre alt. Tina bekommt die große Witwenrente für acht Monate, aber dann wird ihr Kind 18 Jahre alt und sie hat die Altersgrenze von 46 Jahren und zwei Monaten noch nicht erreicht (noch immer Jahr 2024). Sie kann nun die kleine Witwenrente für die verbleibenden 16 Monate bekommen und dann voraussichtlich direkt wieder die große Witwenrente beantragen. Hat sie bis dahin die Altersgrenze noch nicht voll erreicht, ist Tina wie Lena in unserem Beispiel aus Sicht der Rente für ein paar Monate keine Witwe und bekommt nichts. Erst mit dem Erreichen der Altersgrenze ist der Anspruch wieder erfüllt.

4.2 Kleine Witwenrente und Witwerrente

Du erhältst die kleine Witwenrente, wenn du

- das 47. Lebensjahr noch nicht vollendet hast,
- nicht erwerbsgemindert bist und
- kein Kind erziehst.

Die kleine Witwenrente beträgt **25 % der Rente,** die dein Ehepartner zum Zeitpunkt seines Todes als Rente wegen voller Erwerbsminderung bekommen hätte oder als Rente bezogen hat.

! Wenn du eine kleine Witwenrente bekommst und erwerbsgemindert bist oder wirst, erhältst du auf Antrag anstelle der kleinen die **große Witwenrente.** Hierbei spielt es keine Rolle, ob du selber die Anspruchsvoraussetzungen für eine Rente wegen Erwerbsminderung aus deiner eigenen Versicherung erfüllst. Ein Schwerbehindertenausweis allein ist übrigens keine Erwerbsminderung im Sinne des Gesetzes.

4.2.1 Kleine Witwenrente nach altem Recht

Für viele Witwen und Witwer gilt – wie oben schon erwähnt – aus Vertrauensschutzgründen noch nicht das neue Hinterbliebenenrentenrecht. Die alten Regelungen sind weiterhin maßgebend, wenn

- dein Ehepartner vor dem 1.1.2002 gestorben ist oder
- dein Ehepartner nach dem 31.12.2001 gestorben ist, du aber vor dem 1.1.2002 geheiratet hast und mindestens ein Ehepartner vor dem 2.1.1962 geboren ist.

Die kleine Witwenrente nach altem Recht **beträgt 25 % des Anspruchs des Verstorbenen** zum Todeszeitpunkt. Die kleine Witwenrente nach altem Recht ist **nicht zeitlich begrenzt,** der Abschlag betrifft nur Renten mit einem Rentenbeginn nach 2000 und es gelten andere Regeln bei der Einkommensanrechnung.

Allerdings kommt diese Rente mit 68 männlichen und 447 weiblichen Fällen recht selten vor (Stand 31.12.2023). Die Anzahl der Berechtigten wird mit den Jahren weiter abnehmen.

4.2.2 Kleine Witwenrente nach neuem Recht

Wie bei der großen Witwenrente auch, bekommen alle diejenigen, auf die das alte Recht nicht zutrifft, die Witwenrente nach neuem Recht. Die kleine Witwenrente nach neuem Recht **beträgt ebenfalls 25 % des Anspruchs des Verstorbenen** zum Todeszeitpunkt, allerdings ist sie zeitlich auf 24 Monate (zwei Jahre) nach dem Tod des Ehepartners begrenzt. Der Gesetzgeber geht davon aus, dass du nach einer solchen Übergangszeit wieder selbst für deinen Lebensunterhalt sorgen kannst. Die kleine Witwenrente wird auch um einen Abschlag gemindert.

Nach neuem Recht bekommen 194 Männer die kleine Witwenrente und 962 Frauen (Stand 31.12.2023). Die Anzahl der Berechtigten wird mit den Jahren immer weiter zunehmen.

Hinweis: Du bekommst die kleine Witwenrente und erreichst die Altersgrenze? Dann kannst du die große Witwenrente beantragen. Unerheblich dabei ist, ob die kleine Witwenrente noch läuft oder ob die 24 Monate nach neuem Recht bereits abgelaufen sind – solange du die Anspruchsvoraussetzungen der großen Witwenrente erfüllst und zum Beispiel nicht wieder geheiratet hast, kannst du die große Witwenrente beantragen. Das geht allerdings nicht automatisch, sondern nur auf aktiven Antrag.

! Warst du früher schon mal verwitwet, hast du Anspruch auf Witwenrente oder Witwerrente nach dem aktuell verstorbenen letzten Ehegatten und zusätzlich Anspruch auf Witwenrente oder Witwerrente nach dem vorletzten Ehegatten. Die Ansprüche werden vor Einkommensanrechnung miteinander verrechnet. Vergiss also nicht, deine vorherige Verwitwung in der Antragsstellung zu erwähnen.

4.3 Die Erziehungsrente

Die Erziehungsrente ist eines meiner Lieblingsthemen, unter anderem deswegen, weil ich sie selbst beziehe, aber vor allem, weil so wenig Menschen davon wissen. Wusstest du, dass Witwen und Witwer, die Kinder erziehen, eine Wahlmöglichkeit haben? Nein? Dann geht es dir so wie den meisten Betroffenen und leider auch vielen Mitarbeitern bei der Deutschen Rentenversicherung. Witwen und Witwer können unter bestimmten Bedingungen und nach einem längeren Prozedere die Erziehungsrente beantragen. Aber warum solltest du das in Erwägung ziehen?

Die große Witwenrente errechnet sich aus dem Konto des Verstorbenen und beträgt je nach Recht 55 % oder 60 % des Anspruchs des Verstorbenen. Die Erziehungsrente wird jedoch aus deinem eigenen Konto ausgezahlt, und zwar zu **100 % der Höhe des Anspruchs bei »voller Erwerbsminderung«.** Das bedeutet, die Erziehungsrente kann unter Umständen sehr viel höher ausfallen als deine Witwenrente. Die Erziehungsrente wurde 1977 eingeführt, um den Unterhalt zu ersetzen, den eine geschiedene Ehefrau erhielt, wenn ihr Ex-Partner verstarb. Die Erziehungsrente ist aber auch für Witwen und Witwer nach dem einseitig durchgeführten Rentensplitting möglich, was bedauerlicherweise selbst bei vielen Mitarbeitern der Deutschen Rentenversicherung unbekannt ist. Falls du auf Unwissen bei den Beratern triffst, dann verweise einfach auf § 120 Abs. 3 Nr. 3 SGB VI. Dort steht:

»(3) Anspruch auf Durchführung des Rentensplittings unter Ehegatten besteht, wenn

1. […]

2. […]

3. ein Ehegatte verstirbt, bevor die Voraussetzungen der Nummern 1 und 2 vorliegen. In diesem Fall kann der ***überlebende Ehegatte das Rentensplitting unter Ehegatten allein herbeiführen.***«

Das Thema Rentensplitting unter Ehegatten ist selbst für die Profis von der Deutschen Rentenversicherung eine Herausforderung: Der Beratungsaufwand ist sehr hoch und bislang haben sich nur wenige Ehepaare bzw. Hinterbliebene hierfür entschieden. Mehr dazu unter Punkt 4.3.7 »Auswirkungen des Rentensplittings«.

Grundsätzlich ist es nach dem Tod des Partners eine Rechenaufgabe, für welche Rente du dich als alleinerziehende Witwe oder als alleinerziehender Witwer schlussendlich entscheidest. Es kommt im Wesentlichen darauf an, ob die Erziehungsrente höher als die Witwenrente ist, wie groß der Unterschied beider Renten tatsächlich ist und wie alt beziehungsweise jung dein Kind ist oder deine Kinder zum Antragszeitpunkt sind, denn die Erziehungsrente hat eine zeitliche Begrenzung. Die Einkommensanrechnung gilt wie bei den Witwenrenten und den Witwerrenten nach § 97 SGB VI analog. Solltest du in Erwägung ziehen, ein weiteres Kind zu bekommen, so zählt auch dieses Kind dazu – **es muss sich nicht um ein Kind des Verstorbenen handeln.**

Allerdings gibt es bei der Entscheidung zwischen Witwenrente bzw. Witwerrente oder Erziehungsrente einige Punkte zu beachten und nicht immer ist die Erziehungsrente die klügere Wahl. Wichtig ist jedoch überhaupt zu wissen, dass es diese Wahlmöglichkeit gibt. Viele Betroffene werden bei ersten vorsichtigen Anfragen falsch beraten, sodass ihnen diese wertvolle Wahlmöglichkeit schon im ersten Schritt verloren geht.

Erziehungsrente kurz und knapp

- Die Erziehungsrente kann auch für verwitwete Ehepartner beantragt werden.
- Voraussetzung für Verwitwete ist das nach dem Tod einseitig durchgeführte Rentensplitting.
- Der Rentenanspruch beträgt 100 % der Rente wegen voller Erwerbsminderung aus dem eigenen Rentenkonto.

- Als Orientierung der zukünftigen Höhe der Rente dient der Wert auf der eigenen letzten Renteninformation, der unter dem Punkt »bei voller Erwerbsminderung« steht.
- Ein Zurück zur Witwenrente ist ausgeschlossen: nach dem Rentensplitting bist du aus Sicht der Rente »geschieden« und deswegen keine »Witwe« mehr.
- Die Erziehungsrente wird so lange gezahlt, bis das jüngste Kind im Haushalt 18 Jahre alt wird (Ausnahmen bei Kindern mit Behinderung, hier gibt es keine Altersbegrenzung). Das kann auch ein »neues« Kind sein.
- Die Einkommensanrechnung gilt für die Erziehungsrente analog der Witwenrente.

4.3.1 Anspruchsvoraussetzungen Erziehungsrente

Die Erziehungsrente wurde 1977 eingeführt und ist eigentlich eine Unterhaltsersatzleistung für bereits geschiedene Personen, deren Ex-Partner verstirbt. Sie soll dann den Ehegattenunterhalt ersetzen, der vom Verstorbenen nicht mehr gezahlt werden kann, unabhängig davon, ob es jemals einen Ehegattenunterhalt oder einen Trennungsunterhalt gab. Eine geschiedene Frau oder ein geschiedener Mann, deren Ex-Ehepartner oder Ex-Ehepartnerin verstirbt, kann sofort die Erziehungsrente beantragen und diese auch bis zu drei Monate rückwirkend zum Todeszeitpunkt bekommen. Nach Ablauf dieser Frist kann die Rente ab dem Antragsmonat ausgezahlt werden.

Bei Witwen und Witwern geht das nicht ganz so einfach, da die rententechnische Scheidung – hier das Rentensplitting – erst noch eingereicht und durchgeführt werden muss. Bei bereits offiziell wirklich geschiedenen Personen wurde dieser Schritt mit dem Versorgungsausgleich bereits durchgeführt. Der Versorgungsausgleich dient der fairen Aufteilung der in der Ehezeit von beiden Eheleuten erworbenen Anrechte auf eine Versorgung wegen Alters oder Invalidität im

Rahmen der Scheidung. Egal ob Rentensplitting oder Versorgungsausgleich: Durch diese »rententechnische Scheidung« verschieben sich Entgeltpunkte zwischen dem verstorbenen und dem noch lebenden Ehepartner und erst danach kann die Erziehungsrente beantragt werden. Dieses ganze Prozedere dauert Monate, wenn es schnell geht, ist alles in einem halben Jahr durch.

Es gibt insgesamt 862 Männer und 5.885 Frauen, die Erziehungsrente erhalten (Stand 31.12.2023).

Voraussetzungen für die Erziehungsrente

- Die Ehe ist nach dem 30.6.1977 geschieden, für nichtig erklärt oder aufgehoben worden oder bei Auflösung der Ehe vor dem 1.7.1977 richtete sich der Unterhaltsanspruch nach dem DDR-Recht,
- dein geschiedener Ehepartner ist gestorben,
- du bist unverheiratet geblieben und
- du erziehst ein eigenes oder ein Kind des früheren Ehepartners (auch Stief- und Pflegekind, Enkel oder Geschwister), welches das 18. Lebensjahr noch nicht vollendet hat. Das Gleiche gilt für ein behindertes eigenes Kind oder Kind des früheren Ehepartners unabhängig vom Alter des Kindes.
- Dein Ehepartner ist verstorben und das Rentensplitting wurde entweder während der Ehe gemeinsam oder nach dem Tod des Partners alleine durchgeführt. Diese Möglichkeit gibt es erst seit der Rentenreform von 2002.
- Du als Versicherte hast die allgemeine Wartezeit (Mindestversicherungszeit) der gesetzlichen Rentenversicherung erfüllt. Wie du jetzt schon weißt, hast du die allgemeine Wartezeit auf jeden Fall bereits erfüllt, wenn du mindestens einmal eine Renteninformation bekommen hast.

Ob eine Witwe oder ein Witwer sich für die Erziehungsrente entscheidet, ist immer ein individuelles Rechenbeispiel und bedarf einer persönlichen Beratung durch die Deutsche Rentenversicherung.

» **Beispiel:**

1. Margot hat Anspruch auf die große Witwenrente von 500,– € monatlich brutto. Margots Kinder sind schon 16 und 21 Jahre alt und ihre Erziehungsrente läge bei rund 600,– € brutto. Ein Wechsel zur Erziehungsrente würde Margot 100,– € brutto mehr im Monat bringen, jedoch nur etwa zwei Jahre lang, denn dann wird ihr jüngstes Kind bereits 18 Jahre alt und die Erziehungsrente würde eingestellt. Es ist fraglich, ob 24 Monate 100,– € mehr das ausgleichen, was Margot mit der großen Witwenrente bis zum Rest ihres Lebens ausgezahlt werden wird.
2. Melanie hat ebenfalls einen Anspruch auf Witwenrente in Höhe von 500,– € brutto. Bei der Probeberechnung kam heraus, dass ihre Erziehungsrente bei 1.200,– € liegt. Melanies Kinder sind erst ein und drei Jahre alt. Für Melanie würde sich ein Wechsel zur Erziehungsrente rechnen, denn sie bekäme 700,– € mehr Rente pro Monat und das die nächsten 17 Jahre lang.
3. Inge hat spät Kinder bekommen, sie selbst ist bereits 54 Jahre alt und ihre Kinder erst zehn und elf. Inges verstorbener Mann war deutlich älter als sie und hatte immer viel gearbeitet und gut verdient. Mit dem 10-jährigen Kind hätte Inge demnach noch einen Anspruch auf Erziehungsrente für die kommenden acht Jahre. Dann ist Inge bereits 62, wenn die Erziehungsrente beendet würde. Die Witwenrente fällt zwar recht hoch aus, aber die Erziehungsrente ebenfalls, da Inge vor den Kindern ebenfalls viel gearbeitet und gut verdient hat.

   In diesem Beispiel geht es mehr um die Entgeltpunkte, die sich verschieben. Durch das Rentensplitting bekäme Inge von ihrem Mann zehn Entgeltpunkte auf ihr eigenes Rentenkonto, da sie lange verheiratet waren und er, auch wenn Inge selbst gut verdient hat, deutlich mehr Entgeltpunkte während der Ehe sammeln konnte. Diese zehn Entgeltpunkte erhöhen sowohl den Anspruch von Inges Erziehungsrente um 407,90 € (1 Entgeltpunkt = 40,79 €, Stand Rentenjahr 2025/26) als auch ihre zukünftige Altersrente um eben diesen Betrag. Da Inge bei Beendigung der Erziehungsrente bereits 62 Jahre ist und damit kurz vor der eigenen Altersrente steht, könnte ein Wechsel zur Erziehungsrente hier durchaus sinnvoll sein. Während der Auszahlbetrag der Erziehungsrente einerseits höher, aber andererseits durch eigenes Einkommen wieder gekürzt werden kann, bleiben die übertragenen Entgeltpunkte während der eigenen Altersrente zu 100 % – und nicht kürzbar! – bestehen. Damit würde Inge ihre eigene Altersrente durch das Rentensplitting deutlich erhöhen.

Wie in den oben genannten Beispielen deutlich wird, ist die Möglichkeit der Erziehungsrente unter Berücksichtigung von vielen Aspekten zu betrachten. Es ist auch von großer Bedeutung, die Grundlagen der Rentenberechnungen anhand der Entgeltpunkte zu kennen und zu verstehen. **Es ist aber vor allem wichtig, überhaupt von der Erziehungsrente zu erfahren.** Tatsächlich ist die Erziehungsrente so etwas wie das ungeliebte »Stiefkind« der gesetzlichen Rentenversicherung.

Die Wahl zur Erziehungsrente für Witwen und Witwer bleibt eine Rechenaufgabe und ist eine sehr individuelle Entscheidung. Sie ist immer davon abhängig, wie hoch die Ansprüche auf Witwenrente, Witwerrente und Erziehungsrente im Einzelnen sind und welche Auswirkungen das Rentensplitting auf das eigene Rentenkonto und damit die Höhe der Erziehungsrente sowie auf die Höhe der eigenen Altersrente hat.

Hinweis: Durch das Rentensplitting werden Entgeltpunkte von den Rentenkonten der Eheleute verschoben. **Das hat auch Auswirkungen auf die Halbwaisenrente.** Bei einer Probeberechnung für die Erziehungsrente solltest du also auch immer zusätzlich eine Probeberechnung für die Halbwaisenrenten mit beantragen.

4.3.2 Vorteile der Erziehungsrente

Zur besseren Übersicht – und weil es so wichtig ist – hier die **Vorteile** der Erziehungsrente für Witwen und Witwer gegenüber der Witwenrente oder Witwerrente:

- Die Erziehungsrente beträgt **100 % aus dem eigenen Rentenkonto** (Witwenrente nur 60 % bzw. 55 % des Kontos des Verstorbenen). Als erster Anhaltspunkt kann der Wert aus der letzten Renteninformation genommen werden, der bei »unter voller Erwerbsminderung« aufgeführt ist.
- Die Erziehungsrente kann je nach Rentenkontostand (vor allem bei Männern mit üblicherweise besserer Erwerbsbiografie) deutlich höher sein.
- Eine Wiederheirat nach Beendigung der Erziehungsrente ist problemlos möglich, da keine finanziellen Verluste aufgrund des Wegfalls der Witwenrente oder Witwerrente zu befürchten sind.
- Eine Wiederheirat hat nicht nur die (deutlich bessere) Versteuerung in der Splittingtabelle zur Folge, sondern auch die Absicherung des neuen Partners bei eigenem Tod. Letzteres sollte nicht unterschätzt werden, mehr dazu unter dem Punkt 5 »Wiederheirat und Abfindung«.
- Auszahlungen zum Beispiel aus privaten Rentenversicherungen oder andere Auszahlungen, die sowohl einen steuerlichen Effekt haben als auch bei den Hinterbliebenenrenten angerechnet werden, können auf spätere Zeitpunkte im Lebenszyklus verschoben werden, in denen keine Hinterbliebenenrente mehr gezahlt wird und in denen diese Zahlungen folglich keine Kürzung der Hinterbliebenenrente mehr zum Effekt haben können.

Achtung: Solltest du bereits gesundheitlich angeschlagen sein und gegebenenfalls bald Erwerbsminderungsrente beantragen wollen oder bekommst diese schon, ist die Erziehungsrente **nicht** die richtige Wahl für dich, da es nicht möglich ist, zwei Renten aus demselben Rentenkonto zu erhalten.

4.3.3 Nachteile der Erziehungsrente

Natürlich gibt es im Vergleich zur Witwenrente und Witwerrente auch **Nachteile,** die du in dieser Übersicht kurz und kompakt findest:

- Die Erziehungsrente ist **endlich** und wird mit dem Monat das letzte Mal gezahlt, in dem das jüngste Kind 18 Jahre alt wird.
- Das kann auch ein Vorteil sein: Da es sich um eine Auszahlung aus dem eigenen Konto handelt und nicht aus dem Rentenkonto des Verstorbenen, kann es sich sogar um ein »neues« Kind handeln, also ein Kind, welches nicht vom Verstorbenen ist und welches zum Zeitpunkt der Beantragung noch nicht auf der Welt ist oder gar gezeugt war.
- Erziehungsrente und Erwerbsminderungsrente gleichzeitig geht nicht, da nicht zwei Renten gleichzeitig aus einem Konto gezahlt werden. Witwenrente und Erwerbsminderungsrente hingegen sind gleichzeitig möglich, da jede Rente aus einem anderen Konto ausbezahlt wird: die Witwenrente aus dem Konto des Verstorbenen und die Erwerbsminderungsrente aus deinem Konto.
- Ein **Zurück zur Witwenrente ist nicht möglich,** denn du bist durch das Rentensplitting rententechnisch geschieden und damit aus Sicht der Deutschen Rentenversicherung keine Witwe oder kein Witwer mehr.

! Die Erziehungsrente beginnt mit dem Ersten des Kalendermonats, zu dessen Beginn du die Voraussetzungen erfüllst, wenn du den Antrag innerhalb von **drei Kalendermonaten** stellst. Liegt der Antrag erst später vor, wird dir die Rente vom Antragsmonat an gezahlt.

4.3.4 Der Weg zur Erziehungsrente

Die Voraussetzung für die Erziehungsrente für geschiedene Eheleute ist die vollzogene Scheidung inklusive des Versorgungsausgleichs.

Für Hinterbliebene ist das durchgeführte Rentensplitting die technische Voraussetzung, also ebenfalls die »rententechnische Scheidung«.

Eine Erklärung zum Rentensplitting kann spätestens bis zum Ablauf von **zwölf Kalendermonaten nach dem Sterbemonat** abgegeben werden. Die Frist wird durch ein (offenes) Verfahren beim Rentenversicherungsträger unterbrochen. Dadurch ruht die Frist und der **Fristablauf für die Beantragung des Rentensplittings kann sich deutlich nach hinten verschieben,** daher unbedingt bei der DRV fragen, ob die Frist noch läuft.

! Empfehlenswert ist immer die persönliche Beratung direkt bei der Deutschen Rentenversicherung. Versicherungsämter und Versichertenälteste oder Versichertenberater sind selten mit diesen Sachverhalten so intensiv vertraut.

Der Weg zur Erziehungsrente für Verwitwete in kurzen Stichpunkten:

- Witwenrentenbescheid oder Witwerrentenbescheid auf die Frist prüfen oder bei der Deutschen Rentenversicherung den Zeitpunkt erfragen
- formlosen Antrag auf Erziehungsrente stellen (kann gegebenenfalls weggelassen werden)
- Probeberechnung für die Erziehungsrente beantragen, Probeberechnung für die Halbwaisenrenten beantragen
- Antrag Rentensplitting ausfüllen und wegschicken
- Widerrufsfrist Rentensplitting abwarten
- Erziehungsrente formal beantragen

Dauer des ganzen Prozesses: mit viel Glück, guten Mitarbeitern bei der Deutschen Rentenversicherung, einigen Anrufen und viel Schriftverkehr **etwa sechs Monate.** Leider kann das aber auch viel länger dauern.

Erst ein formloser Antrag – dann ein formaler Antrag

Wenn die Frist noch nicht abgelaufen ist, bitte unbedingt sofort einen Antrag schreiben, in dem du die Erziehungsrente formlos beantragst. Das geht einfach per Brief. Eine Textvorlage kann zum Beispiel wie folgt lauten:

»Hiermit beantrage ich Erziehungsrente nach einem durchgeführten Rentensplitting unter Ehegatten. Ich bitte um Übersendung einer Probeberechnung.«

Der Prozess bis zum Rentensplitting kann gut ca. drei bis sechs Monate dauern, daher ist der formlose Antrag so wichtig, denn theoretisch könntest du die Erziehungsrente ab dem formlosen Antrag später einklagen. Dazu gibt es allerdings noch keine Rechtsprechung (Stand 2024). Die Erziehungsrente kann offiziell nur **rückwirkend zur formalen Antragstellung** gezahlt werden. Wenn sich der Beantragungszeitraum jedoch deutlich verlängert, solltest du eine Klage in Betracht ziehen – und dann wird der formlose Antrag wichtig.

4.3.5 Kontenklärung und Probeberechnung

Vor dem eigentlichen Rentensplitting muss dein eigenes Rentenkonto ebenso geklärt werden, wie das deines verstorbenen Partners zur Witwenrente oder das Konto deiner verstorbenen Partnerin zur Witwerrente geklärt werden musste. Erst nach der Kontenklärung kann die Deutsche Rentenversicherung eine Probeberechnung für deine Erziehungsrente erstellen. Die Probeberechnung musst du aktiv einfordern beziehungsweise, wenn du den obigen Text für einen formlosen Antrag nutzt, hast du die Probeberechnung bereits beantragt.

Mithilfe der Probeberechnung fängt dann das große Rechnen an:

- Wie viel höher ist die Erziehungsrente im Vergleich zur Witwenrente oder Witwerrente?
- Muss ich Entgeltpunkte abgeben oder bekomme ich welche hinzu?

- Wie verändert sich die Halbwaisenrente (extra Probeberechnung anfordern!)?
- Wie lange geht die Erziehungsrente, also wie alt sind meine Kinder und möchte ich eventuell noch ein weiteres Kind bekommen oder ist das für mich ausgeschlossen?

4.3.6 Rentensplitting und Versorgungsausgleich

Rentensplitting unter Ehegatten, Witwensplitting, Ehegattensplitting – wer blickt da noch durch?! Was ist also was? Das Rentensplitting unter Ehegatten ist tatsächlich ein **Rententhema,** während sowohl das Ehegattensplitting als auch das Witwensplitting ein steuerliches Thema sind und unter Punkt 7 »Steuern« behandelt werden. Das Rentensplitting unter Ehegatten verteilt die **während der Ehe** gesammelten Entgeltpunkte gleichmäßig auf die Ehepartner auf und ist faktisch dasselbe wie der Versorgungsausgleich nach einer Scheidung. Damit ist das Rentensplitting de facto eine **»rententechnische Scheidung«.**

Wichtig zu wissen ist, dass nur die Entgeltpunkte gleichmäßig verteilt werden, die **während der Ehe** gesammelt wurden und nicht die davor (oder die nach dem Tod des Partners gesammelten Entgeltpunkte). Das nennt sich **Splittingzeit** und ist vergleichbar mit der **Ehezeit** im Scheidungsverfahren.

Witwen und Witwer können das Rentensplitting unter Ehegatten nach dem Tod des Partners einseitig durchführen lassen. Während einer Ehe geht das nur gemeinsam. Das Rentensplitting unter Ehegatten ist für Witwen und Witwer nicht nur die Eintrittskarte für die Erziehungsrente, es ist auch für Betroffene interessant, die durch das Rentensplitting unter Ehegatten einige Entgeltpunkte vom Verstorbenen zu erwarten haben, denn diese Entgeltpunkte stehen ihnen während der Altersrente ungekürzt zur Verfügung. Mit dem durchgeführten Rentensplitting unter Ehegatten erlischt allerdings der Anspruch auf eine Witwenrente oder Witwerrente. Du bist dann eben rententechnisch geschieden, daher muss dieser endgültige Schritt gut überlegt sein.

» Manfred hat während der Ehezeit mit Hannelore viel gearbeitet, während Hannelore sich ausschließlich um die Kinder gekümmert hat. Manfred hat in der gemeinsamen Ehezeit 26 Entgeltpunkte gesammelt, Hannelore nur die jeweils drei Entgeltpunkte pro Kind für zwei Kinder, also insgesamt sechs Entgeltpunkte. Durch das einseitige Rentensplitting nach dem Tod würde Hannelore zehn Entgeltpunkte von Manfred zugesprochen bekommen. Dann ginge Hannelore ebenso wie Manfred mit jeweils 16 Entgeltpunkten aus der Ehe.

Bei einer Scheidung würde Manfred über den Versorgungsausgleich die Hälfte seines Rentenanspruchs an Hannelore abgeben (26 EP ÷ 2 = 13 EP) und Hannelore würde die Hälfte ihrer Rentenansprüche an Manfred abgeben (6 EP ÷ 2 = 3 EP). Schlussendlich kommt derselbe Entgeltpunktestand wie beim Rentensplitting heraus: 26 – 13 + 3 = 16 Entgeltpunkte für Manfred und 6 – 3 + 13 = 16 Entgeltpunkte für Hannelore.

Würde Hannelore sich unabhängig von den Auswirkungen auf die Renten wegen Todes nach dem Tod von Manfred für das Rentensplitting entscheiden, hätte das erhebliche Auswirkungen auf ihre eigene Altersrente. Diese wäre dann nicht nur sechs Entgeltpunkte hoch, sondern 16, was in der Auszahlung der Altersrente einen deutlichen Unterschied macht. Abgesehen davon sind gesammelte Entgeltpunkte für die eigene Altersrente – anders als bei den Hinterbliebenenrenten – nicht durch eigenes Einkommen kürzbar.

In unserem Beispiel hätte Manfred zu Lebzeiten kein Interesse an einem Rentensplitting, da er auf diese Weise viele Entgeltpunkte für seine eigene Altersrente an seine Frau abgeben müsste. Aus **feministischer Sicht** wäre die Einführung eines generellen Rentensplittings für neue Ehen, wie es Wirtschaftsweise Monika Schnitzer im Juli 2023 forderte, zu überlegen, da Männer, die traditionell durch ihre erhöhte Erwerbsarbeit durch das standardisierte Rentensplitting automatisch ihre Rentenansprüche an die care-arbeitenden Mütter abgeben würden. Das würde die Rentenansprüche von Frauen generell deutlich erhöhen und das Machtgefälle zwischen Mann und

Frau in diesem Aspekt verringern. Allerdings würde damit auch generell der Anspruch auf eine Witwenrente oder eine Witwerrente erlöschen, was für viele Frauen – vor allem die, die noch nicht die Altersrente erreicht haben – ein deutlicher finanzieller Nachteil wäre.

Hinweis: Während geschiedene Personen, die aufgrund der Scheidung Entgeltpunkte abgeben mussten, diese nach dem Tod des Partners unter bestimmten Bedingungen »zurückholen« können, ist das beim Rentensplitting unter Ehegatten ausgeschlossen. Dieser Vorgang nennt sich **»Anpassung wegen Tod der ausgleichsberechtigten Person«** (§ 37 Versorgungsausgleichsgesetz) und geht nur, wenn der ehemalige Ehepartner vor dem Rentenbeginn stirbt oder bislang keine oder höchstens 36 Monate Rente aus den übertragenen Ansprüchen erhalten hat. Auch dieser Vorgang passiert nicht automatisch, sondern ist bei der Deutschen Rentenversicherung aktiv zu beantragen.

Frist, Widerspruchsfrist und Auszahlung der Rente

Wenn das Rentensplitting unter Ehegatten einst beantragt ist, bekommst du nach Bearbeitung durch die Deutsche Rentenversicherung ein etwas beängstigendes Schreiben, in dem die Unwiderrufbarkeit des Rentensplittings unter Ehegatten deutlich vermerkt ist. Du solltest also bis spätestens zu diesem Zeitpunkt genau wissen, was du tust. Dieses Schreiben musst du unterschrieben an die Deutsche Rentenversicherung zurückschicken – und erst dann kann das Rentensplitting unter Ehegatten auch tatsächlich durchgeführt werden.

Die Widerspruchsfrist für das Rentensplitting unter Ehegatten beträgt vier Wochen. Diese muss noch abgewartet werden oder du verzichtest auf die Einhaltung der Frist. Natürlich geht das nur schriftlich. All diese Formalitäten verlängern den Zeitraum, in dem du noch keinen Anspruch auf Erziehungsrente hast, weil du den formalen Antrag noch nicht stellen kannst.

Die Zahlung der Witwenrente wird allerdings mit dem Monat des durchgeführten Splittings eingestellt, deswegen solltest du nach dem durchgeführten Splitting zeitnah den formalen Antrag auf Erziehungsrente stellen.

Versicherungsnummer
[redacted]

Deutsche Rentenversicherung
Bund

Ruhrstr. 2
10709 Berlin

Erklärung zum Rentensplitting unter Ehegatten

Überlebender Ehegatte:
Name, Vorname: [redacted]
Anschrift:

Versicherungsnummer:

Verstorbener Ehegatte:
Name, Vorname: [redacted]
Todestag:
Versicherungsnummer:

Hiermit bestimme ich, dass die von mir und meinem verstorbenen Ehegatten in der Ehe erworbenen Ansprüche auf eine anpassungsfähige Rente gleichmäßig zwischen uns aufgeteilt werden. Das Rentensplitting bezieht sich auf die Splittingzeit vom [redacted] bis [redacted].

Ich bin mir dessen bewusst, dass der Anspruch auf Witwenrente bzw. Witwerrente aus der Versicherung meines verstorbenen Ehegatten nicht mehr von dem Kalendermonat an besteht, zu dessen Beginn das Rentensplitting durchgeführt ist. Das Rentensplitting ist durchgeführt, wenn die Entscheidung des Rentenversicherungsträgers über das Rentensplitting unanfechtbar geworden ist.

Mir ist bekannt, dass ich diese Erklärung jederzeit widerrufen kann, solange der zuständige Rentenversicherungsträger auf der Grundlage meiner Erklärung noch keine unanfechtbare Entscheidung über das Rentensplitting unter Ehegatten getroffen hat.

[redacted]
Ort, Datum

Unterschrift

Hinweis:
Der zuständige Rentenversicherungsträger benötigt nur eine Ausfertigung dieser Erklärung. Die zweite Ausfertigung ist für Ihre Unterlagen bestimmt.

Versicherungsnummer, Kennzeichen
[redacted]

Deutsche
Rentenversicherung
Bund

Deutsche Rentenversicherung Bund · 10704 Berlin

Internationales & Beratungsdienst

Ruhrstr. 2, 10709 Berlin
Postanschrift: 10704 Berlin
Telefon 030 865-96758
Telefax 030 865-67016
E-Mail
drv@drv-bund.de
Homepage
www.deutsche-rentenversicherung
-bund.de
[redacted]

[redacted]

Bescheid über das Rentensplitting unter Ehegatten

Sehr geehrte [redacted],

aufgrund der Erklärung vom [redacted] werden die von Ihnen und Ihrem verstorbenen Ehegatten in der Ehe erworbenen Ansprüche auf eine anpassungsfähige Rente gleichmäßig zwischen Ihnen und Ihrem verstorbenen Ehegatten aufgeteilt (Rentensplitting unter Ehegatten).

Der Anspruch auf Durchführung des Rentensplittings besteht für die Zeit vom Beginn des Monats, in dem die Ehe geschlossen worden ist, bis zum Ende des Monats, in dem der Ehegatte verstorben ist (Splittingzeit).

Die maßgebende Splittingzeit umfasst somit den Zeitraum vom [redacted] bis [redacted].

Die Höhe der Ansprüche aus dem Rentensplitting unter Ehegatten richtet sich nach den auf die Splittingzeit entfallenden Entgeltpunkten der Ehegatten, getrennt nach Entgeltpunkten und Entgeltpunkten (Ost).

Das Rentensplitting unter Ehegatten erfolgt in der Weise, dass an den Ehegatten, der die niedrigere Summe an Entgeltpunkten in der Splittingzeit erworben hat, die Hälfte des Unterschieds zwischen den von beiden Ehegatten in der Splittingzeit erworbenen Entgeltpunkten übertragen wird. Dabei ist die Übertragung der Entgeltpunkte für jede Entgeltpunktart getrennt vorzunehmen (Einzelsplitting).

Nach der Auskunft über die Durchführung des Rentensplittings
vom [redacted] stehen sich in der Splittingzeit
vom [redacted] bis [redacted] folgende Entgeltpunkte gegenüber:

Aus der allgemeinen Rentenversicherung

	Ihre Entgeltpunkte	Entgeltpunkte Ihres Ehemanns
	[redacted]	[redacted]
Unterschied	[redacted]	

Die Hälfte des Unterschieds in Höhe von [redacted] Entgeltpunkten ist in der allgemeinen Rentenversicherung zu übertragen.

Seite 02

Versicherungsnummer [redacted] Kennzeichen [redacted]

Datum [redacted]
Seite 02

Für Ihr Versicherungskonto ergeben sich damit **Abschläge von** [redacted] **Entgeltpunkten in der allgemeinen Rentenversicherung.**
Für das Versicherungskonto Ihres Ehegatten ergeben sich entsprechende Zuschläge an Entgeltpunkten.

Aus der allgemeinen Rentenversicherung

Ihre Entgeltpunkte (Ost)	Entgeltpunkte (Ost) Ihres Ehemanns
[redacted]	[redacted]

Unterschied [redacted]

Die Hälfte des Unterschieds in Höhe von [redacted] Entgeltpunkten (Ost) ist in der allgemeinen Rentenversicherung zu übertragen.

Für Ihr Versicherungskonto ergeben sich damit **Abschläge von** [redacted] **Entgeltpunkten (Ost) in der allgemeinen Rentenversicherung.** Für das Versicherungskonto Ihres Ehegatten ergeben sich entsprechende Zuschläge an Entgeltpunkten (Ost).

Seite 03

Bei dem Rentensplitting unter Ehegatten kann es vorkommen, dass du Entgeltpunkte an einen verstorbenen Menschen abgeben musst – oder welche dazubekommst. **Beide Fälle verändern deinen persönlichen Entgeltpunktestand.**

Jetzt kommt der Antrag für die Erziehungsrente

Nach dem durchgeführten Rentensplitting unter Ehegatten und dem Ablauf der Widerrufsfrist kann die Erziehungsrente endlich formal beantragt werden. Hierbei gilt der Monat des eingegangenen Antrags, also: Je schneller der ganze Prozess läuft, desto früher kannst du die Erziehungsrente beantragen und desto früher bekommst du sie. Du kannst den Antrag persönlich bei der Deutschen Rentenversicherung oder sogar online (www.deutsche-rentenversicherung.de) stellen.

Für den Antrag müssen alle Daten wie bei der Witwenrente neu eingereicht werden, also noch mal unzählige Seiten an Antragsformularen neu ausfüllen und wegschicken. Auch zur Bearbeitung des formalen Antrags zur Erziehungsrente braucht die Deutsche Rentenversicherung mitunter Monate, allerdings ist das eigene Rentenkonto jetzt bereits geklärt und daher könnte der Verlauf zumindest theoretisch recht schnell gehen.

Wichtig! In dieser Zeit bekommst du kein Geld, denn die Auszahlung der Witwenrente ist bereits eingestellt und die Erziehungsrente noch nicht durch.

Die erste Auszahlung der Erziehungsrente

Die erste Auszahlung der Erziehungsrente kann auch nach dem formalen Antrag noch ein paar Wochen oder Monate dauern, allerdings gilt zur Auszahlung der Monat des ersten formalen Antrages. Das bedeutet, dass zwar während dieser Monate kein Geld fließt, das Geld aber rückwirkend zum Antragsmonat an dich ausgezahlt wird. Du musst diese Monate eben nur finanziell überbrücken. Wenn du dies einklagst, kann die Erziehungsrente eventuell rückwirkend zum formlosen Antrag gezahlt werden. Je nachdem, wie viel höher die Erziehungsrente im Vergleich zur Witwenrente ist und wie viele Monate es vom formlosen Antrag zum formalen Antrag und damit zur tatsächlichen Auszahlung der Erziehungsrente gedauert hat, kann eine Klage sinnvoll sein. Es gibt dazu keine vergleichbaren Fälle (Stand 2020) und leider auch kaum Anwälte, die sich hinreichend mit dem Thema Erziehungsrente (für Hinterbliebene) auskennen. Wende dich an einen Fachanwalt für Sozialrecht, einen Rentenberater oder werde Mitglied in einem Sozialverband, zum Beispiel VdK oder SozVD.

4.3.7 Auswirkungen des Rentensplittings

Da das Rentensplitting unter Ehegatten so wichtig ist und seine Folgen so erheblich sind, möchte ich dies nochmals kurz zusammenfassen:

- Die während der Ehezeit gesammelten Entgeltpunkte werden so verteilt, dass beide Ehepartner mit der exakt gleichen Höhe an Entgeltpunkten aus der Ehezeit herausgehen.
- Für eine Hinterbliebene kann das gut oder schlecht sein:
  - Wenn du selbst diejenige bist, die mehr Entgeltpunkte gesammelt hat, musst du unwiderruflich und für immer Entgeltpunkte an einen Toten abgeben. Das mindert sowohl deinen Anspruch auf Erziehungsrente als auch deinen späteren Anspruch auf Altersrente.
  - Wenn du diejenige bist, die weniger Entgeltpunkte während der Ehezeit gesammelt hat, bekommst du hingegen Punkte hinzu. Diese Entgeltpunkte zählen später nicht nur für deine Erziehungsrente, sondern auch für deine Altersrente.
- Das Hin- und Hertauschen der Entgeltpunkte hat auch Auswirkungen auf die Höhe der zukünftigen Halbwaisenrenten:
  - Bekommt der Verstorbene Entgeltpunkte hinzu, erhöht sich die Halbwaisenrente.
  - Muss der Verstorbene Entgeltpunkte an dich abgeben, vermindert sich die Halbwaisenrente.

4.3.8 Auswirkungen des Empfangs der Erziehungsrente

Immer wieder wird gefragt, ob der Empfang der Erziehungsrente die eigene Altersrente mindert. Es muss wohl das Gefühl herrschen, dass du durch den Erhalt der Erziehungsrente bereits heute etwas aus dem eigenen Rentenkonto »nimmst« und sich deswegen die Ansprüche für die Zukunft mindern. Das ist natürlich falsch.

Wahr ist, dass das Rentensplitting Auswirkungen auf die Höhe der eigenen Altersrente hat. Es kann wie oben beschrieben die Altersrente wie auch die Erziehungsrente sowohl erhöhen als auch vermindern.

Wahr ist auch, dass die Deutsche Rentenversicherung aus technischen Gründen während der Zeit des Empfangs der Erziehungsrente nicht in der Lage ist, die jährliche Renteninformation an Betroffene zu verschicken. Das ist natürlich bedauerlich, weil du dich gerade jetzt so gut mit dem Thema auskennst und vielleicht zum ersten Mal im Leben mit den dort aufgeführten Zahlen etwas anfangen kannst. Natürlich ist es jederzeit möglich, eine Renteninformation außerplanmäßig anzufordern.

Was allerdings laut Aussage der Deutschen Rentenversicherung nicht stimmt, ist, dass der Empfang der Erziehungsrente den eigenen Rentenanspruch mindert. Das ist ja auch nur logisch: In der gesetzlichen Rentenversicherung können Entgeltpunkte nur gesammelt, nicht aber abgezogen werden (außer durch das Rentensplitting oder den Versorgungsausgleich). Das bedeutet, die Entgeltpunkte, die auf dem eigenen Rentenkonto gutgeschrieben sind, können sich nur vermehren und nicht – beispielsweise durch Rentenauszahlungen – weniger werden.

Wahr ist auch, dass während der Zeit des Empfangs der Erziehungsrente ganz normal weiter Entgeltpunkte gesammelt werden können. Werden Beiträge in die gesetzliche Rente eingezahlt, erhöht sich auch dein Rentenanspruch, auch während der Zeit, in der du Erziehungsrente bekommst.

Hinweis: Das Rentensplitting unter Ehegatten in der gesetzlichen Rentenversicherung hat keine Auswirkungen auf die Ansprüche auf Witwenrenten oder Witwerrenten aus **Betriebsrenten** oder auf das Witwengeld oder Witwergeld aus **Beamtenpensionen.**

4.4 Waisen- und Halbwaisenrenten

Eines vorweg: Der Einfachheit halber wird in diesem Buch manchmal nur von Waisenrenten oder nur von Halbwaisenrenten (HWR) gesprochen, auch wenn die jeweils andere Rentenart ebenfalls gemeint ist. Adressaten dieses Ratgebers sind allerdings (erwachsene) Hinterbliebene als auch (erwachsene) Hinterbliebene mit Kindern, was wiederum bedeutet, dass die Kinder unserer Leserinnen immer Halbwaisen und keine Vollwaisen sind. Die in diesem Buch aufgeführten Gesetzmäßigkeiten gelten aber sowohl für Halbwaisenrenten als auch für (Voll-)Waisenrenten.

Finanzielle Absicherung von Kindern für den Fall der Fälle

Bevor wir zum eigentlichen Thema der Halbwaisenrenten kommen, sei an dieser Stelle folgender Hinweis erlaubt: Für den ungünstigsten Fall der Fälle, also sollte die Halbwaise tatsächlich zur Vollwaise werden, möchte ich kurz die Themen einer **Sorgerechtsverfügung, Testament mit Dauertestamentsvollstreckung** und für die alleinerziehende Witwe oder den alleinerziehenden Witwer eine **Risiko-Lebensversicherung** ansprechen, damit es dem Vollwaisen wenigstens finanziell gut geht, sollte es so weit kommen. Eine Risiko-Lebensversicherung ist schnell abgeschlossen und in der Regel auch recht günstig. Für eine Sorgerechtsverfügung (wer wird sich um das Kind oder die Kinder kümmern?) und ein Testament gibt es vom Verlag Wolters Kluwer Steuertipps unter www.steuertipps.de gute Bücher, in komplizierteren Fällen ist auch ein Besuch bei einer Fachanwältin oder einem Fachanwalt für Erbrecht angebracht.

Die Dauertestamentsvollstreckung ist eine Form der Testamentsvollstreckung, bei der eine vom Erblasser bestimmte Person dessen letzten Willen durchsetzt und den Nachlass dauerhaft verwaltet. Der Nachlass verbleibt also für längere Zeit in der Verfügungsgewalt des Berechtigten, sie dient in unserem Fall salopp gesagt dazu, dass die 18-jährige Vollwaise nicht das ganze Geld auf den Kopf haut. Mehr dazu siehe auch Punkt 9.1 »Absicherung der Kinder – sinnvolle Versicherungen«.

4.4.1 Anspruchsvoraussetzungen

Eine Waisenrente erhalten Kinder nach dem Tod eines Elternteils, wenn dieser die allgemeine Wartezeit von fünf Jahren erfüllt hat beziehungsweise die allgemeine Wartezeit vorzeitig erfüllt ist (Beispiel Arbeitsunfall) oder dieser bis zum Tod eine Rente bezog.

Eine Waisenrente können

- leibliche oder adoptierte Kinder,
- Stiefkinder und Pflegekinder, die im Haushalt des Verstorbenen lebten,
- Enkel und Geschwister, die im Haushalt des Verstorbenen lebten oder von ihm überwiegend unterhalten wurden,

bekommen.

4.4.2 Rentenbeginn

Erhielt der verstorbene Elternteil bereits eine eigene Rente, beginnt die Waisenrente frühestens mit dem auf den Sterbemonat folgenden Monat. War der verstorbene Elternteil noch nicht Rentner, beginnt die Waisenrente bereits mit dem Todestag. Eine Waisenrente wird rückwirkend für bis zu zwölf Kalendermonate vor dem Antragsmonat gezahlt.

4.4.3 Dauer der Zahlung

Waisenrenten werden regelmäßig bis zum 18. Geburtstag des Kindes gezahlt. Darüber hinaus kann die Waise diese Rente längstens bis zum 27. Lebensjahr erhalten, wenn sie

- sich in Schul- oder Berufsausbildung befindet (bei Unterbrechung oder Verzögerung durch Wehr- oder Zivildienst auch über den 27. Geburtstag hinaus) oder
- einen Freiwilligendienst leistet oder
- behindert ist und deshalb nicht selbst für sich sorgen kann.

Auch für Übergangszeiten von höchstens vier Kalendermonaten, beispielsweise zwischen zwei Ausbildungen oder einem Freiwilligendienst und Ausbildungsbeginn, kann eine Waisenrente gezahlt werden (ähnlich wie beim Anspruch auf Kindergeld).

! Mit dem (voraussichtlichen) Schulabschluss stellt die Deutsche Rentenversicherung die Zahlung der Waisenrente ein, wenn das Kind bereits über 18 Jahre alt ist. Reicht die Halbwaise rechtzeitig einen abgeschlossenen Ausbildungsvertrag ein, der innerhalb der nächsten vier Monate beginnt, wird die Zahlung weiter geleistet. Wird der Ausbildungsbeginn erst später nachgewiesen, wird die Waisenrente rückwirkend gezahlt, aber eben nur für die **vier Monate Übergangszeit.** Jeder vorzeitige Abbruch einer Schul- oder Berufsausbildung muss der Deutschen Rentenversicherung unverzüglich gemeldet werden, um Überzahlungen und Rückforderungen zu vermeiden.

Wichtig: Auch wenn die Einkommensanrechnung bis zu diesem Teil des Ratgebers noch nicht thematisiert wurde, ist es gut zu wissen, dass der Wegfall der Halbwaisenrente auch bedeutet, dass der zusätzliche Freibetrag für halbwaisenrentenberechtigte

Kinder bei der Anrechnung von Einkommen für die entsprechenden Monate wegfällt. Der (temporäre) Wegfall der Halbwaisenrente kann demnach Folgen auf die Kürzung deiner Witwenrente oder Witwerrente haben.

Adoptierst du eine Waise, die bereits Waisenrente bezieht, erhält die Waise die Waisenrente auch weiterhin. Die Waisenrente wird auch unverändert weitergezahlt, wenn die Waise innerhalb dieser Zeit heiratet.

4.4.4 Höhe der Waisenrente

Eine Halbwaisenrente wird gezahlt, wenn noch ein unterhaltspflichtiger Elternteil lebt, eine Vollwaisenrente, wenn kein unterhaltspflichtiger Elternteil mehr lebt. Die Halbwaisenrente beträgt 10 %, die Vollwaisenrente 20 % der Rente wegen voller Erwerbsminderung, auf die der verstorbene Elternteil Anspruch gehabt hätte oder die er bereits bezogen hat.

Die durchschnittlichen Halbwaisenrenten liegen in der Regel allerdings nicht so hoch wie gemeinhin vermutet wird. Das liegt daran, dass ein Verstorbener, der halbwaisenrentenberechtigte Kinder hinterlässt, in der Regel selbst eher jung ist und demnach noch nicht so viele eigene Entgeltpunkte für sein Rentenkonto erworben hat. Während das Erwerbseinkommen in der Lebenserwerbsmitte durchaus hoch sein kann – und die daraus mindestens theoretisch entstandenen Unterhaltsansprüche mitunter erheblich sein können –, ist die Halbwaisenrente meistens doch eher niedrig.

In Deutschland gibt es im ursprünglichen Bundesgebiet (alte Bundesländer) insgesamt 224.609 Halbwaisenrenten mit einem durchschnittlichen Rentenzahlbetrag in Höhe von **225,83 €.** In den neuen Bundesländern gibt es insgesamt 43.534 Halbwaisenrenten mit einem durchschnittlichen Rentenzahlbetrag von **232,05 €** (Stand 31.12.2023).

Berechnung aus dem Einkommen vs. Berechnung aus den Rentenbeiträgen

Warum fallen also die Waisenrenten in der Regel so niedrig aus? Kindesunterhalt und auch alle anderen Unterhaltsformen wie Trennungsunterhalt oder nachehelicher Unterhalt werden aus dem jeweiligen Einkommen errechnet und können unter den entsprechenden Berechnungsformeln alle zwei Jahre neu berechnet werden. Damit kann Kindesunterhalt im Laufe der Zeit auch steigen, im schlechtesten Fall aber auch sinken. Das Erwerbseinkommen von Eltern – meistens sind es die Väter, die Unterhalt zahlen müssen – kann mitunter recht hoch sein, da sich Eltern sozusagen in der Blüte des Berufslebens befinden, also in der Lebenserwerbsmitte.

Im Vergleich dazu sind zu diesem Zeitpunkt der Lebenserwerbsmitte in der Regel noch nicht so viele Entgeltpunkte gesammelt worden, denn Entgeltpunkte werden über viele Versicherungsjahre erworben. Die oder der Verstorbene hat mit seinem Tod logischerweise aufgehört zu arbeiten und kann damit selbstredend keine zusätzlichen Entgeltpunkte mehr sammeln. Allein die in der Rente enthaltende **»Zurechnungszeit«** sorgt überhaupt erst dafür, dass die Rente so »hoch« wird (Zurechnungszeiten sind im Rentenrecht berücksichtigte Zeiten, die bei der Berechnung einiger Renten eine Rolle spielen, wenn der Rentner noch nicht das 67. Lebensjahr vollendet hat). Deswegen bleibt der Anspruch auf eine Halbwaisenrente immer gleich hoch, es sei denn, der Rentenwert verändert sich durch eine entsprechende Rentenerhöhung.

In Ostdeutschland gibt es bis heute eine umfassendere Kinderbetreuung im Vergleich zum Westen Deutschlands, wo noch viel eher das traditionelle Familienkonstrukt gelebt wird (siehe fehlende Kita-Plätze unter Punkt 2.10 »Ein Hinweis zur Gleichberechtigung«). Deswegen konnten Eltern in den neuen Bundesländern tendenziell mehr Erwerbsarbeit leisten und damit auch mehr Entgeltpunkte sammeln, als dies in den alten Bundesländern tendenziell der Fall ist.

Aus diesen Gründen fällt die Halbwaisenrente in den neuen Bundesländern etwas höher aus als in den alten Bundesländern. Abgesehen von der Höhe der Halbwaisenrenten sind auch die Witwenrenten, Witwerrenten, die Erziehungsrenten und sogar die eigenen Altersrenten aus diesen Gründen in den ostdeutschen Regionen tendenziell höher als in den alten Bundesländern. Diese Umstände sollten der Bundesregierung eigentlich Grund genug sein, die Kinderbetreuung – vor allem in den alten Bundesländern – verstärkt auszubauen. Aber das nur nebenbei.

» Ingas Ehemann hat drei Kinder aus erster Ehe und da er gut verdient, zahlt er diesen Kindern ab dem Jahr 2008 Kindesunterhalt nach Vereinbarung, in diesem Fall etwa 450,– € pro Kind und Monat. Als ihr Ehemann im Jahr 2017 verstirbt, fällt die Halbwaisenrente für die zwei gemeinsamen sowie für die drei Kinder aus erster Ehe allerdings überraschend gering aus: mit 217,– € pro Kind und Monat ist sie nicht einmal halb so hoch wie der ursprünglich gezahlte Kindesunterhalt (wahre Zahlen).

»Denn bei einer Unterhaltsersatzleistung – wie der Hinterbliebenenrente – kann grundsätzlich nichts anderes gelten als im Unterhaltsrecht.« (Quelle 5). Kindesunterhalt ist allerdings etwas völlig anderes als Waisen- oder Halbwaisenrenten. Ich werde – wie schon erwähnt – im Verlauf dieses Buches öfter auf diesen Satz vom Petitionsausschuss zurückkommen.

4.4.5 Mindestunterhalt und Unterhaltsvorschuss

Wir haben nun gelernt, dass die durchschnittliche Halbwaisenrente (HWR) oft nicht sehr hoch ausfällt. Viele Halbwaisen können daher Unterhaltsvorschuss (UVS) beantragen. Aber wie wird das berechnet?

Ausschlaggebend ist immer der festgelegte Mindestunterhalt für die jeweilige Altersstufe. Anders als die Rente wird der Mindestunterhalt turnusmäßig zum 1. Januar angepasst, wenn denn Anpassungen stattfinden. Von diesem Mindestunterhalt wird im Falle von Halbwaisen das volle Kindergeld abgezogen (bei unterhaltsberechtigten Kindern ist es nur das halbe Kindergeld) sowie der Auszahlbetrag der Halbwaisenrente. Wenn dann noch eine Lücke bleibt, ist die Halbwaise unterhaltsvorschussberechtigt und der fehlende Betrag bis zum Mindestunterhalt wird vom Staat übernommen.

Bei nicht verstorbenen Elternteilen, die keinen oder zu wenig Unterhalt zahlen, wird der ausgezahlte Unterhaltsvorschuss theoretisch zurückgefordert (praktisch passiert diese Rückforderung eher selten und damit verliert der Staat Milliarden. Andererseits gibt es leider viele – meist Väter –, die unberechtigt keinen oder zu wenig Unterhalt zahlen). Deswegen stellen sich Betroffene oft die Frage: Muss ich den erhaltenen Unterhaltsvorschuss für mein Kind irgendwann zurückzahlen? Bei Halbwaisen gibt es selbstredend keinen lebenden Elternteil mehr, von dem der ausgezahlte Unterhaltsvorschuss zurückgefordert werden könnte, deswegen **gibt es bei Halbwaisen diese Rückforderungen nicht.** Die oder der Hinterbliebene ist nicht für eine Rückzahlung der gezahlten Beiträge verantwortlich, denn sie oder er übernimmt bereits den pflegenden Teil der Versorgungsarbeit.

Merke: Der ausgezahlte Unterhaltsvorschuss an Halbwaisen muss **nicht zurückgezahlt** werden. Nie. Auch nicht, wenn die Kinder erwachsen sind.

Gibst du also nun die durchschnittlichen Halbwaisenrenten in die Tabelle ein, ergeben sich diese Beträge für Unterhaltsvorschuss:

Westdeutschland:

Alter des Kindes	Mindest-unterhalt	abzüglich volles Kindergeld	abzüglich HWR	mögliche Höhe UVS
0–5 Jahre	480,– €	255,– €	225,83 €	nicht berechtigt
6–11 Jahre	551,– €	255,– €	225,83 €	70,17 €
12–17 Jahre	645,– €	255,– €	225,83 €	164,17 €

Ostdeutschland:

Alter des Kindes	Mindest-unterhalt	abzüglich volles Kindergeld	abzüglich HWR	mögliche Höhe UVS
0–5 Jahre	480,– €	255,– €	232,05 €	nicht berechtigt
6–11 Jahre	551,– €	255,– €	232,05 €	63,95 €
12–17 Jahre	645,– €	255,– €	232,05 €	157,95 €

Stelle daher am besten grundsätzlich immer einen Antrag auf Unterhaltsvorschuss (das geht beim zuständigen Jugendamt). Du solltest für die zukünftigen Jahre auch immer die Erhöhung vom Mindestunterhalt im Blick haben:

- Wenn die Halbwaise bereits Unterhaltsvorschuss bekommt, wird der Unterhaltsvorschuss automatisch angepasst.
- Wenn die Halbwaise jedoch noch keinen Unterhaltsvorschuss bekommt, musst du aktiv werden, da es sein kann, dass die Halbwaise mitten im laufenden »Rentenjahr« zur Erhöhung des Mindestunterhalts am 1. Januar unterhaltsvorschussberechtigt wird.

Wichtig! Unterhaltsvorschuss wird nicht rückwirkend genehmigt und ausgezahlt, sondern nur ab dem Monat des Antrags oder höchstens einen Monat zurück. Verpasst du allerdings die Antragsstellung oder bist teils über Jahre hinweg im Unwissen über diese Möglichkeit, geht dein Kind leider leer aus. **Deswegen am besten grundsätzlich einen Antrag stellen, auch – oder gerade – wenn du dir nicht sicher bist, ob dein Kind Anspruch hat.**

Hinweis: Es ist auch möglich, direkt zum Todeszeitpunkt einen Antrag auf Unterhaltsvorschuss einzureichen. Dieser wird in der Regel schneller genehmigt als die Halbwaisenrente und wird dann bis zum Bescheid der Halbwaisenrente vorläufig in voller

Höhe ausgezahlt. Wird dann später die Halbwaisenrente bewilligt, verrechnen die beiden Ämter ihre Zahlungen und dein Kind bekommt ab diesem Zeitpunkt entweder nur noch Halbwaisenrente oder Halbwaisenrente plus den verringerten Unterhaltsvorschuss. Diese Vorgehensweise hat den immensen Vorteil, dass vom ersten Tag an Geld fließt.

Gerne wiederhole ich den Satz des Petitionsausschusses in diesem Kapitel noch ein paar Mal: *»Denn bei einer Unterhaltsersatzleistung – wie der Hinterbliebenenrente – kann grundsätzlich nichts anderes gelten als im Unterhaltsrecht.«* (Quelle 5). Auch in Bezug auf den Unterhaltsvorschuss ist der Empfang von Kindesunterhalt etwas völlig anderes als der Empfang von Waisen- oder Halbwaisenrenten.

Die Tabelle auf S.106/107 gibt es zum kostenlosen Download unter https://verwitwet-alleinerziehend.de/unterhaltsvorschussrechner/. Hier kannst du einfach die Höhe der Halbwaisenrente deines Kindes oder deiner Kinder eintragen und schon weißt du, ob der Antrag beim Jugendamt Erfolg hat.

4.4.6 Unterhaltsvorschuss auf der Webseite des BMFSFJ

Noch bis heute wird die Familienleistung Unterhaltsvorschuss auf der offiziellen Webseite des Bundesministeriums für Familie, Senioren, Frauen und Jugend (BMFSFJ) wie folgt angeboten:

»Alleinerziehende erziehen ihre Kinder meist unter erschwerten Bedingungen. Die Situation verschärft sich noch, wenn das Kind keinen oder nicht regelmäßig Unterhalt von dem anderen Elternteil erhält oder dieser nicht rechtzeitig gezahlt wird. Diese besondere Lebenssituation soll mit der Unterhaltsleistung nach dem Unterhaltsvorschussgesetz erleichtert werden.

Wer erhält Unterhaltsvorschuss?

Anspruch auf Unterhaltsvorschuss haben Kinder, die bei einem alleinerziehenden Elternteil leben und keinen oder keinen regelmäßigen Unterhalt von dem anderen Elternteil erhalten (…)« Quelle 11

Die Informationen des BMFSFJ finden sie auch hinter dem folgenden QR-Code:

Es ist verheerend für Hinterbliebene und ihre Kinder, dass Wörter wie »Halbwaisen«, »Halbwaisenrente«, »verstorbener Elternteil« oder »Halbwaisenrente zu gering ausfällt« nicht im Wortlaut der Webseite des BMFSFJ enthalten sind. Betroffene fühlen sich durch die vorhandene Wortwahl nicht angesprochen und verkennen nicht selten die Möglichkeit, Unterhaltsvorschuss zu beantragen.

Dazu ist vielleicht auch noch zu sagen, dass Unterhaltsvorschuss **beim Jugendamt** und nicht bei der Deutschen Rentenversicherung beantragt wird. Das Jugendamt ist in der Regel bei der Stadt angesiedelt und kann auch über die Webseite des Wohnortes erreicht werden. Es ist ein Amt, welches Alleinerziehende aus Trennungssituationen oft auch aus anderen als finanziellen Gründen aufsuchen. Hinterbliebene jedoch suchen nicht das Jugendamt auf, sondern deren Ansprechpartner ist fast ausschließlich die Deutsche Rentenversicherung oder andere Rentenversicherungsträger. Und selbst auf den Halbwaisenrentenbescheiden, die ganz offensichtlich eine sehr geringe und damit unterhaltsvorschussberechtigte Höhe der Halbwaisenrenten aufzeigen, glänzt ein entsprechender Hinweis auf den Unterhaltsvorschuss mit Abwesenheit.

Merke: Prüfe unbedingt, ob deine Kinder Unterhaltsvorschuss-berechtigt sind. Am besten beantragst du direkt nach dem Tod des Elternteils den Unterhaltsvorschuss beim Jugendamt, und zwar unabhängig vom Antrag für die Halbwaisenrente, denn Unterhaltsvorschuss gibt es nicht rückwirkend.

4.4.7 Reformierung des Unterhaltsvorschussgesetzes

Delia Keller vom Verein fair.fuer.kinder hat am 31.1.2024 eine Petition zur Reformierung des Unterhaltsvorschussgesetzes eingereicht (Petition Nr. 163066), in dem sie anprangert, *»dass seit einer Sparmaßnahme aus dem Jahr 2008 das gesamte Kindergeld auf die Leistungen des Unterhaltsvorschusses angerechnet wird, statt wie im zivilen Unterhaltsrecht nur das hälftige: Damit werden Alleinerziehende und ihre Kinder abgestraft, wenn der unterhaltspflichtige Elternteil keinen Unterhalt zahlt. Ihnen fehlen 125 € (Stand Januar 2024) pro Kind und Monat gegenüber Kindern in Mindestunterhaltsbezug«* (Quelle 14).

Auf Deutsch heißt das, dass jedes unterhaltsberechtigte Kind faktisch 125,– € hälftiges Kindergeld mehr in der Tasche hat als ein unterhalts***vorschuss***berechtigtes Kind. Leider wurde die Lebensrealität des Alleinerziehendseins aufgrund von Verwitwung in dieser Petition sprachlich nicht berücksichtigt, denn im weiteren Text geht es ausschließlich um *»Mitbetreuungsumfang«* und *»Verantwortungsübernahme«*, was einem verstorbenen Elternteil selbstredend nicht mehr möglich ist. Auch werden Halbwaisen im Text der Petition nicht explizit genannt (nur *»Kinder von Alleinerziehenden«*), was befürchten lässt, dass bei der Besprechung der Petition durch den Petitionsausschuss Halbwaisen wahrscheinlich nicht mitgedacht werden.

»Der volle Abzug des Kindergeldes stellt sich gegen das Gleichheitsgebot« trifft allerdings auch auf Halbwaisen zu. Es kann nicht sein, dass das eine Kind 125,– € mehr Geld zur Verfügung hat als das andere

Kind, egal ob Trennungskind oder Halbwaisenkind. Die Petition ist derzeit noch in Prüfung, die Mitzeichnungsfrist ist jedoch schon lange abgeschlossen.

Auch hier wiederhole ich gerne den Satz des Petitionsausschusses wieder: »*Denn bei einer Unterhaltsersatzleistung – wie der Hinterbliebenenrente – kann grundsätzlich nichts anderes gelten als im Unterhaltsrecht.*« (Quelle 5). Warum haben Halbwaisen, die in der Regel aufgrund der geringen Höhe der Halbwaisenrenten Anspruch auf Unterhaltsvorschuss haben, in der Summe 125,– € weniger Geld zur Verfügung? Ist eine Unterhalts**ersatz**leistung nicht gleich zu behandeln wie Kindesunterhalt im Unterhaltsrecht?

4.4.8 Einkommensanrechnung

Die gute Nachricht ist: Bei Waisenrenten wird schon seit dem 1.7.2015 kein Einkommen mehr angerechnet. Die Einkommensanrechnung bei Waisen hat sich bei der Deutschen Rentenversicherung aufgrund des hohen Aufwands als unwirtschaftlich erwiesen und ist deswegen abgeschafft worden. Na, wenigstens das.

4.4.9 Besonderheiten Krankenversicherung und Pflegeversicherung

Waisenrenten sind wie oben schon erwähnt von der Pflegeversicherung befreit. Waisen zahlen wie oben ebenfalls erwähnt auch keine eigenen Beiträge zur Krankenversicherung. Und dennoch gibt es einige Besonderheiten, auf die hier gerne hingewiesen werden soll, denn es gilt:

Die Krankenversicherung von Halbwaisen ist grundsätzlich beitragsfrei, es sei denn, die Halbwaise übt eine versicherungspflichtige Beschäftigung aus. In diesem Fall werden von den Beiträgen zur Halbwaisenrente – wie bei Renten üblich – zusätzlich zu den Krankenkassenbeiträgen, die über die versicherungspflichtige Beschäftigung abgeführt werden, Beiträge zur Kranken- und Pflegeversicherung abgebucht. Das bedeutet, dass die Auszahlung der Halbwaisenrente um die entsprechenden Sozialversicherungsbeiträge sinkt, sobald eine Halbwaise beispielsweise eine betriebliche Ausbildung beginnt.

Bei kindesunterhaltsberechtigten Kindern werden während einer betrieblichen Ausbildung keinerlei Sozialversicherungsbeiträge vom Kindesunterhalt abgebucht. Das Gleichheitsgebot ist in diesen Fällen nur sehr fragwürdig erfüllt.

Besteht der Petitionsausschuss nicht darauf, dass »*bei einer Unterhaltsersatzleistung – wie der Hinterbliebenenrente – grundsätzlich nichts anderes gelten (kann) als im Unterhaltsrecht.*« (Quelle 5)?

Wann besteht Anspruch auf beitragsfreie Kranken- und Pflegeversicherung?

- Waisen in der Schul- oder Berufsausbildung und die noch nicht das 25. Lebensjahr vollendet haben, sind beitragsfrei in der gesetzlichen Krankenversicherung versichert, sofern sie die Voraussetzungen nach § 48 SGB VI (Familienversicherung) erfüllen.
- Dies gilt auch für Schüler und Studierende an einer Hochschule oder Fachhochschule, die nicht über 20 Wochenstunden arbeiten und/oder die Mini-Job-Grenze nicht überschreiten (Stand: Januar 2021).
- Der Ferienjob bei Schülern ist beitragsfrei.
- Azubis sowie Studierende dualer Studiengänge müssen von ihrer Ausbildungsvergütung und der Waisenrente Beiträge zur Kranken- und Pflegeversicherung entrichten.

Hinweis: Eingeschriebene Studierende sind Personen, die an einer Hochschule immatrikuliert sind. Das heißt, sie sind in das Mitgliederverzeichnis (Matrikelliste) der Hochschule eingeschrieben. Hierzu gehören auch Absolventen eines Aufbaustudiums, eingeschriebene Studierende der Fern Uni Hagen, Studierende im Urlaubssemester, Teilzeitstudierende und Bachelor- und Masterstudiengänge.

Krankenversicherung von nicht eingeschriebenen Studierenden sowie Dual-Studierenden bis zur Vollendung des 25. Lebensjahres

- Immatrikulierte Gasthörer, Studierende einer Uni der Bundeswehr oder einer Fachhochschule für öffentliche Verwaltung, Studierende an Berufsakademien, an studienvorbereitende Sprachkursen oder Studienkollegs sowie Promotionsstudierende gelten nicht als eingeschriebene Studierende.
- Sofern Anspruch auf Familienversicherung besteht (= kein erzieltes Einkommen), werden keine Beiträge zur Kranken- und Pflegeversicherung bei den Waisenrenten fällig.
- Wird Einkommen erzielt (z.B. Studium an der Fachhochschule für öffentliche Verwaltung oder duales Studium bei der Polizei), sind Beiträge zur Krankenversicherung von der Waisenrente und dem erzielten Einkommen zu entrichten.

Grundsätzlich hat die beitragsfreie Familienversicherung Vorrang vor der beitragspflichtigen Krankenversicherung der Rentner (KVdR).

4.4.10 Versteuerung der Halbwaisenrenten

Es kommt zwar selten vor, aber dennoch ist es bemerkenswert und wird deswegen hier vor dem Punkt 7 »Steuern« erwähnt: Eine Waisenrente zählt (anders als Kindesunterhalt) als Einkommen, wird steuerlich dem Kind zugerechnet und ist deswegen (übrigens wieder anders als Kindesunterhalt) mindestens anteilig dem zu versteuernden Einkommen des Kindes zuzurechnen. Die Waisenrente erhöht nicht das Einkommen der Witwe oder des Witwers. Theoretisch bedeutet dies auch, dass **die Waise verpflichtet ist, eine Steuererklärung mit Anlage R abzugeben.** Da jede Person in Deutschland einen Grundfreibetrag bei den Steuern hat, so auch Halbwaisen und Waisenkinder, und die Waisenrenten in der Regel nicht besonders hoch ausfallen, erreichen betroffene Kinder die Steuerpflicht meist nicht und bleiben damit von tatsächlichen Steuerzahlungen doch verschont.

Wenn die Halbwaisenrente steuerpflichtig wird

Ausgenommen ist allerdings dieser Fall, der vermutlich gar nicht so selten vorkommt:

Absolviert eine Halbwaise oder eine Waise eine betriebliche Ausbildung, muss das Kind nicht nur die Sozialversicherungsbeiträge aus dem Ausbildungsentgelt sowie auch aus der Halbwaisen- oder Waisenrente zahlen, nein, das Kind könnte auch in die Steuerpflicht rutschen. Nämlich dann, wenn das Ausbildungsentgelt zusammen mit dem steuerpflichtigen Teil der Halbwaisenrente oder Waisenrente über den jährlichen Grundfreibetrag kommt (mehr dazu unter Punkt 7 »Steuern«). In diesem Fall ist die Halbwaisenrente oder die Waisenrente steuerpflichtig und es müssen tatsächliche Zahlungen an das Finanzamt abgeführt werden.

Auch an dieser Stelle wiederhole ich gerne nochmal den Satz des Petitionsausschusses: »*Denn bei einer Unterhaltsersatzleistung – wie der Hinterbliebenenrente – kann grundsätzlich nichts anderes gelten als im Unterhaltsrecht.*« (Quelle 5). Kindesunterhalt wird bereits aus versteuertem Einkommen gezahlt. Kindesunterhalt ist darum – anders als die Halbwaisenrente – kein Einkommen des Kindes und daher vom unterhaltsberechtigten Kind auch nicht zu versteuern.

Nichtveranlagungsbescheinigung für Kinder (NV-Bescheinigung oder NV 1A)

Da Halbwaisenrenten zum zu versteuernden Einkommen gehören und du vielleicht für deine Kinder Geld anlegen möchtest oder angelegt hast, macht es sicher Sinn beim zuständigen Finanzamt für dein Kind eine **Nichtveranlagungsbescheinigung** auszufüllen. Diese Bescheinigung legst du bei allen Banken und Bausparkassen deiner Kinder vor (je ein eigenes Exemplar anfordern). Wenn die Sparzinsen des Kindes über dem Sparer-Pauschbetrag liegen, werden mit dieser Bescheinigung keine Abgeltungsteuern fällig. Mehr dazu unter dem Punkt 7.3 »Nichtveranlagungsbescheinigung (NV 1A)«.

Den Link zur NV-Bescheinigung (1A) findest du hinter diesem QR-Code:

4.4.11 Wenn Kinder zu Immobilieneigentümern geworden sind

Durch ein Erbe werden Kinder manchmal frühzeitig zu Immobilieneigentümern, nämlich dann, wenn der Verstorbene oder die Verstorbene eine Immobilie oder einen Immobilienanteil besessen hat und zum Beispiel kein Berliner Testament oder andere Verfügungen vorhanden sind. In der gesetzlichen Erbfolge würde der überlebende Partner die Hälfte der Immobilie erben und das Kind oder die Kinder erben anteilig die andere Hälfte der Immobilie. Ist die Immobilie das Eigenheim, ändert sich für das Kind wenig, aber wenn es sich bei der oder den Immobile(n) um vermietete Wertanlagen handelt, erzielt das Kind mit dem Übergang des Eigentums eigenes Einkommen durch die Vermietung. Neben der Problematik der Geschäftsfähigkeit von minderjährigen Kindern kann zusammen mit dem Empfang des steuerpflichtigen Teils der Halbwaisenrente die Steuerpflicht der Halbwaisenrente ausgelöst werden und die Waise muss jährlich eine Steuererklärung abgeben. Auch höhere Geldsummen oder andere Vermögenswerte können erstens die Steuerpflicht der Waisen nach sich ziehen (Stichwort Kapitalertragsteuer) oder auch negative Folgen haben, wenn die Waisen (zukünftig) BAföG beantragen möchten.

4.4.12 BAföG bei Halbwaisen

Die Waisenrente wird in Höhe der tatsächlich geleisteten Auszahlbeträge als Einkommen der Auszubildenden oder des Auszubildenden gewertet und ist auf den Bedarf für BAföG anzurechnen. Hierbei ausgenommen gibt es verschiedene Freibeträge je nach Art der Ausbildung. Der normale Kindesunterhalt gilt jedoch nicht als Einkommen und bleibt deswegen bei allen BAföG-Anträgen (unter dem Punkt Einkommen) unbeachtet. Natürlich ist die BAföG-Berechtigung vom Gehalt der Eltern abhängig und wenn diese unterhaltspflichtig sind, wird je nach Einkommen der Eltern kein BAföG gezahlt oder das BAföG wird um den Kindesunterhalt gemindert.

Weil es so schön ist: »*Denn bei einer Unterhaltsersatzleistung – wie der Hinterbliebenenrente – kann grundsätzlich nichts anderes gelten als im Unterhaltsrecht.*« (Quelle 5). Kindesunterhalt wird bei BAföG nicht angerechnet, die Halbwaisenrenten schon, da sie per Definition Einkommen darstellen. Wer jetzt noch glaubt, dass alles gleich ist, dem ist nicht zu helfen.

5 Wiederheirat und Abfindung

Ist eine Wiederheirat – aus finanziellen Gesichtspunkten – sinnvoll?

Bei einer Heirat enden sowohl die kleine als auch die große Witwenrente stets mit dem Ablauf des Kalendermonats, in dem du wieder heiratest. Auch der Anspruch auf Erziehungsrente erlischt unter denselben Aspekten, nur der Anspruch auf deine eigene Altersrente bleibt bestehen. Ebenso bleibt der Anspruch auf Waisenrente für Kinder aus der früheren Ehe bestehen, was nichts anderes bedeutet, als dass deine Kinder weiterhin Halbwaisenrente beziehen, auch wenn du wieder heiratest. Selbst wenn deine Kinder von deinem neuen Ehegatten adoptiert werden, verlieren sie nicht ihren Anspruch auf Halbwaisenrente.

5.1 Abfindung für Hinterbliebene

Möglicherweise wirst du heute den Gedanken an eine Wiederheirat weit von dir weisen. Aber Leben ist ja bekanntlich auch das, was passiert, wenn du dabei bist, etwas anderes zu planen. Findest du später einen neuen Partner, bekommst mit diesem sogar Kinder, dann kann das Thema Heiraten plötzlich doch im Raum stehen, weil beispielsweise Ehepaare einen deutlich höheren Freibetrag bei der Erbschaftsteuer haben als Partner ohne Trauschein (siehe Punkt 5.4 »Eigene Absicherung nach der Wiederheirat«).

Als Empfänger von Hinterbliebenenrente hast du bei einer erneuten Heirat in der Regel Anspruch auf Rentenabfindung. Neben dem Ehegattensplitting, welches du mit deinem neuen Ehepartner ab dem Jahr der Eheschließung wieder steuerlich geltend machen kannst und dessen Auswirkungen oft erheblich sind, ist auch die Rentenabfindung ein guter finanzieller »Zuschuss« in die neue Ehe.

» Anja hat in den maßgeblichen zwölf Monaten vor der Wiederheirat die große Witwenrente nach Einkommensanrechnung und vor Abzug von Eigenanteilen zur Kranken- und Pflegeversicherung der Rentner in Höhe von 712,– € im Monat erhalten. Anja hat sich neu verliebt und heiratet am 15.3.2024 wieder, womit die Witwenrente am 31.3.2024 endet. Die Abfindung beträgt das 24-Fache dieses Betrages, auf den Anja die letzten zwölf Monate Anspruch hatte, also 712,– € × 24 = 17.088,– €. Das ist nicht wenig. Zusätzlich profitieren Anja und ihr neuer Ehemann ab dem Jahr 2024 wieder vom Ehegattensplitting und sparen somit nochmals je nach Einkommensverhältnissen bis zu mehreren Tausend Euro an Steuern.

Eine Abfindung in fünfstelliger Höhe als Start für eine neue Ehe? Das ist nicht schlecht. Ein weiterer Punkt ist der Wegfall der jährlichen Anrechnung des Einkommens an die Hinterbliebenenrente. Nach einer Wiederheirat kann Anja aus unserem Beispiel ab sofort Einkommen in jeglicher Höhe generieren ohne Kürzungen bei der Hinterbliebenenrente befürchten zu müssen. Auch die durchaus aufwendigen Nachfragen der Deutschen Rentenversicherung nach Anjas Einkommen entfallen mit der neuen Ehe.

Witwen heiraten heute oft aus finanziellen Gründen nicht wieder, weil der Wegfall der Hinterbliebenenrente gefürchtet wird, was im ersten Schritt augenscheinlich einen erheblichen eigenen Einkommensverlust bedeutet. Eine Wiederheirat hat aber, wie wir hier sehen konnten, einige finanzielle Vorteile.

5.2 Steuerliche Vorteile durch das Ehegattensplitting

Der steuerliche Aspekt durch das Ehegattensplitting nach einer Wiederheirat sollte neben der Abfindung über die Deutsche Rentenversicherung nicht vernachlässigt werden und kann oft einen guten Teil des finanziellen Lochs ausgleichen, welches der Wegfall der Hinterbliebenenrente für Betroffene bedeutet. Da das Ehegattensplitting vom Prinzip her dasselbe ist wie das Witwensplitting und dieses später in Punkt 7.7 »Das Witwensplitting« sehr ausführlich beschrieben wird, wird an dieser Stelle auf die folgenden Kapitel verwiesen. Es lohnt sich aber, diesen Teil zu lesen und zu verstehen.

5.3 Absicherung des neuen Partners

Eine Wiederheirat hat aber nicht nur die oben genannten Vorteile für die Witwe selbst, sondern auch für beide Partner. Der neue Partner einer Witwe hat ohne Eheschließung keinen eigenen Anspruch auf Hinterbliebenenrente, wenn die Witwe vor ihm sterben sollte. Heiraten die beiden jedoch, und diese Ehe dauert in der Regel länger als ein Jahr, hat auch der neue Ehemann einen Anspruch auf Hinterbliebenenrente und ist damit für den Fall der Fälle nach den oben genannten Mustern ein Stück weit versorgt. Die Ehepartner haben nicht zuletzt die Aufgabe, wie es der § 1360 BGB schon schreibt, »durch ihre Arbeit und mit ihrem Vermögen die Familie angemessen zu unterhalten«. Daher kann und sollte eine Ehe selbst in Deutschland nicht ausschließlich aus Liebe eingegangen werden.

5.4 Eigene Absicherung

Sollte der neue Ehemann der wiederverheirateten Witwe anschließend selbst vor der Witwe versterben und diese damit zum zweiten Mal zur Witwe machen, hat die Witwe Anspruch auf die höhere von beiden Hinterbliebenenrenten, was durchaus sehr vorteilhaft sein kann. Selbst wenn diese neue Ehe nicht hält und durch Scheidung getrennt wird, kann die Witwe den alten Anspruch wiederaufleben lassen.

Auch im Erbrecht gibt es durch eine Heirat diverse Vorteile und Erleichterungen. Insbesondere sei hier der persönliche Freibetrag bei der **Erbschaftsteuer von 500.000,– € unter Ehegatten** angesprochen. Partner in einer »wilden Ehe«, die durch ein Testament bedacht werden, haben jedoch in der ungünstigsten Steuerklasse 3 des Erbschaft- und Schenkungsteuergesetzes (ErbStG) gerade mal einen Freibetrag von 20.000,– €.

! Die Patchworkfamilie, die du durch eine Wiederheirat begründest, sollte auch ein Grund sein, schnellstmöglich eine Vorsorgevollmacht, eine Sorgerechtsverfügung und vor allem ein Testament abzufassen. Da Patchwork, insbesondere im Zusammenspiel mit Immobilien und Vermögen, finanziell wirklich kompliziert werden kann, solltest du dir hier anwaltlichen Rat holen und idealerweise mit einem notariellen Testament alles in eurem Sinne festlegen.

6 Einkommensgrenze, Freibetrag, Hinzuverdienstgrenze

Kommen wir nun zum Eingemachten: die Einkommensgrenze, der Freibetrag oder die Hinzuverdienstgrenze bei den Hinterbliebenenrenten. Drei Wörter, die alle dasselbe meinen, nämlich dass die Hinterbliebenenrenten gekürzt werden, wenn das selbst erwirtschaftete Einkommen zu »hoch« ist. Das Wort »hoch« dabei ist bewusst in Anführungsstriche gesetzt, da die Einkommensgrenze bei den Hinterbliebenenrenten verhältnismäßig niedrig angesetzt ist.

Bevor du weiterliest: Die Anrechnung von Einkünften aus deiner Beschäftigung oder deiner Selbstständigkeit magst du subjektiv als »ungerecht« bewerten. Lass dich bitte nicht nur wegen der möglichen Kürzung deiner Hinterbliebenenrente davon abhalten, (mehr) zu arbeiten. Bedenke auch immer, dass du durch deine (höhere) Arbeitsleistung deine künftigen Ansprüche auf deine eigene Rente spürbar erhöhst. Auch wenn du für dich heute feststellst, dass du nie wieder heiraten willst, kommt es im Leben oft anders – auch anders, als du denkst. Verliere nie deine eigene Altersrente aus dem Blick: Insbesondere bei Frauen rächen sich (längere) Teilzeitbeschäftigungen und/oder Minijobs bei der Altersrente.

6.1 Rechtmäßigkeit durch das Bundesverfassungsgericht bestätigt

Jetzt kommt ein bisschen Fachchinesisch: Die Einkommensgrenze bei den Hinterbliebenenrenten ist an den Rentenwert gekoppelt und liegt beim 26,4-Fachen des Rentenwertes. Mit der Kopplung an den Rentenwert wird klar, dass die Hinzuverdienstgrenze mit jeder Rentenerhöhung steigt. Damit hat der Gesetzgeber aber auch sichergestellt, dass die Hinzuverdienstgrenze »dynamisch« steigt, also immer in Relation zu den Renten. Mit dieser dynamischen Anpassung ist ein weiteres Mal sichergestellt, dass die Regelungen verfassungskonform sind, so der Petitionsausschuss:

»*Durch diese Anknüpfung an den aktuellen Rentenwert wird der Freibetrag jeweils mit dem gleichen Prozentsatz angepasst wie die Renten der gesetzlichen Rentenversicherung. Infolge dieser Dynamik bleibt der Freibetrag relativ, das heißt bezogen auf die wachsenden Renten, immer gleich hoch. Der Gleichklang der Erhöhung des Freibetrags mit der Erhöhung der Renten ist damit sichergestellt. Der von der Petentin kritisierte Freibetrag ist somit keine starre und willkürliche Größe, denn insbesondere seine Anbindung an den aktuellen Rentenwert führt zu einer Dynamisierung.*« (Quelle 5)

6.2 Einkommensanrechnung je nach Recht unterschiedlich

Je nachdem, welches Recht für die eigene Hinterbliebenenrente gilt, also neues oder altes Recht, werden verschiedene Einkommensarten für die Anrechnung und die Kürzung der Hinterbliebenenrente herangezogen. Mit der Einführung des neuen Rechts wurde die Einkommensanrechnung bewusst und gezielt sehr stark ausgeweitet. Quasi jedes legal erzielte Einkommen ist nach neuem Recht anrechenbar.

6.2.1 Einkommensanrechnung nach altem Recht

Bekommst du Hinterbliebenenrente nach altem Recht? Dann werden zur Anrechnung folgende Einkommensarten herangezogen:

- Einkommen aus Erwerbstätigkeit: Dazu zählen Löhne, Gehälter und Einkünfte aus selbstständiger Tätigkeit.
- Erwerbsersatzeinkommen: Hierzu gehören Leistungen wie Arbeitslosengeld I, Krankengeld und Übergangsgeld.
- Renten der gesetzlichen Rentenversicherung: Eigene Rentenansprüche des Hinterbliebenen, beispielsweise Altersrenten oder Erwerbsminderungsrenten

Kurzfristige Ersatzeinkommen werden nicht angerechnet, wenn sie nicht von einem Sozialleistungsträger gezahlt werden (z.B. Krankengeld aus einer privaten Versicherung).

Elterngeld wird ebenfalls nicht als Einkommen angerechnet.

Außerdem werden Betriebsrenten, Renten aus privaten Lebens- und Rentenversicherungen, sonstige Versorgungsrenten sowie Zusatzrenten der öffentlich-rechtlichen Versicherungs- und Versorgungseinrichtungen (z.B. VBL) nicht angerechnet.

Vermögenseinkommen wird ebenfalls nicht angerechnet. Unter Vermögenseinkommen versteht man z.B. Einnahmen aus Kapitalvermögen (Zinsen, Dividenden, Aktiengewinne), Einnahmen aus Vermietung und Verpachtung sowie Einnahmen aus privaten Veräußerungsgeschäften.

6.2.2 Einkommensanrechnung nach neuem Recht

Bekommst du Hinterbliebenenrente nach neuem Recht? Nach neuem Recht werden alle Einkunftsarten wie beim alten Recht angerechnet **plus**:

- Einkünfte aus Vermietung und Verpachtung, inklusive Gewinne aus Verkäufen (sog. Veräußerungsgewinne z.B. beim Verkauf von vermieteten Immobilien)
- Einkünfte aus Kapitalvermögen (z.B. Dividenden oder Zinsen aus Sparbüchern, Bausparverträgen, Wertpapieren oder Gewinne aus der Veräußerung von Aktien, sofern diese den Sparer-Pauschbetrag überschreiten)
- Betriebsrenten/Zusatzversorgung
- Renten aus privaten Lebens- und Rentenversicherungen, sonstige private Versorgungsrenten sowie Zusatzrenten der öffentlich-rechtlichen Versicherungs- und Versorgungseinrichtungen (z.B. VBL)
- Elterngeld
- vergleichbare ausländische Einkommen

Hinweis: Eine einzige Ausnahme nach neuem Recht sind die Einkünfte aus deinem Riester-Renten-Vertrag.

Beispiel:

1. Gertrud bekommt nur eine kleine Altersrente, die weit unter dem Freibetrag liegt. Sie bezieht zusätzlich Witwenrente nach altem Recht und erwirtschaftet Einkünfte aus Vermietung und Verpachtung in beträchtlicher Höhe. Ihre Witwenrente wird ungekürzt ausgezahlt, da Einkünfte aus Vermietung und Verpachtung nach altem Recht nicht angerechnet werden.
2. Steffi ist schon früh Witwe geworden und bezieht Witwenrente nach neuem Recht. Die Altersversorgung durch Immobilien, die sie und ihr Mann sich aufgebaut haben, werden genauso auf ihre Witwenrente angerechnet wie ihr eigenes Einkommen. Steffi erhält deswegen nur eine stark gekürzte Witwenrente.

6.3 Exkurs: Rentenjahr vs. Steuerjahr – welches Einkommen zählt?

Was die Einkommensanrechnung so kompliziert macht, ist, dass sie jeweils zum 1. Juli geprüft und bis zum nächsten Prüfdatum im darauffolgenden Jahr festgelegt wird, sollte es keine gravierenden Änderungen in deinem Einkommen geben. Das ist wichtig zu wissen, denn diesem »Rentenjahr« werden die Einkünfte aus dem vorangegangenen Steuerjahr (oder Kalenderjahr) vom 1. Januar bis zum 31. Dezember zugrunde gelegt. Es gilt also nicht dein laufendes Einkommen zum Beispiel vom jeweiligen Juni, sondern dein Gesamteinkommen vom Jahr zuvor.

Je nachdem, welche Einkünfte du hast, reicht der Deutschen Rentenversicherung eine Bestätigung des Arbeitgebers über das Einkommen des vergangenen Jahres. In anderen Fällen muss jährlich die Steuererklärung eingereicht werden, wenn zum Beispiel Einkünfte aus Vermietung und Verpachtung vorhanden sind, die nach neuem

Recht ebenfalls angerechnet werden. Das pünktliche und zeitnahe Einreichen der Steuererklärung kann mitunter zum echten Stressfaktor für Betroffene werden, da es in vielen Fällen gar nicht möglich ist, die Steuererklärung mit Einkommen aus Vermietung und Verpachtung oder höheren Kapitalerträgen vor Februar oder März eines Jahres einzureichen. Auch das Finanzamt kann Steuererklärungen so früh im Jahr oft noch gar nicht bearbeiten. Die Deutsche Rentenversicherung benötigt die Zahlen aus der Steuererklärung bestenfalls weit vor dem 1. Juli, um die aktuellen Kürzungen der Renten zu berechnen, und so kommt manch eine Witwe aufgrund der wiederholten Schreiben der Deutschen Rentenversicherung ganz schön ins Schleudern.

» Die Einkünfte vom Steuerjahr 2024 muss eine Hinterbliebene oder ein Hinterbliebener im Frühjahr 2025 der Deutschen Rentenversicherung melden, damit diese die Höhe der Rente beziehungsweise die Höhe der Kürzungen der Hinterbliebenenrente ab dem Stichtag 1.7.2025 berechnen kann.

Vordrucke zur Meldung von Einkommen

Je nachdem, über welche Einkommensarten Betroffene verfügen, hat die Deutsche Rentenversicherung verschiedene Vordrucke, die mitunter jährlich auszufüllen sind, mindestens aber zum ersten Antrag auf Witwenrente. In vielen Fällen reicht danach das Einreichen der jeweiligen Steuererklärung.

6.4 Rentenerhöhungen

Rentenerhöhungen werden in der Regel im Herbst eines Jahres besprochen. Wenn du die Nachrichten aufmerksam verfolgst, gibt es also im Herbst eines laufenden Jahres bereits eine Richtung für den kommenden Freibetrag ab dem darauffolgenden Juli. Eventuell möchtest du mit dieser Information – je nach individuellen Gegebenheiten – die eigene Arbeitszeit an den zukünftigen neuen Freibetrag ausrichten. Die Rentenerhöhungen werden meist im Frühjahr eines Jahres beschlossen und sind dann zum 1. Juli des jeweiligen Jahres gültig.

6.5 Höhe des Freibetrags

Kommen wir nun zu den wohl meistgestellten Fragen von Betroffenen überhaupt: Wie hoch ist der Freibetrag? Wie viel darf ich verdienen, ohne dass mir die Hinterbliebenenrente gekürzt wird? Erhöht sich der Freibetrag auch, wenn sich die Rente erhöht?

»Die Einkommensanrechnung auf eine Hinterbliebenenrente ist in § 97 Sechstes Buch Sozialgesetzbuch (SGB VI) geregelt. Danach gilt, dass auf Witwen- und Witwerrenten nicht das gesamte Einkommen, sondern nur der Teil des Einkommens anzurechnen ist, der den Freibetrag übersteigt. ***Der Freibetrag beträgt das 26,4-Fache des aktuellen Rentenwertes.*** *Dieser Freibetrag* ***erhöht sich um das 5,6-Fache des aktuellen Rentenwertes für jedes Kind*** *des Berechtigten, das Anspruch auf Waisenrente hat oder nur deshalb nicht hat, weil es kein Kind des Verstorbenen ist.«* (Quelle 5)

Wie oben schon erwähnt, steigt der Freibetrag auch mit jeder Rentenerhöhung jeweils zum 1. Juli eines Jahres. Gibt es für die Rentner eine sogenannte Nullrunde, gilt dies auch für die Hinterbliebenenrenten sowie für die Hinzuverdienstgrenze.

Aber wie hoch ist der Freibetrag denn jetzt? Die Ermittlung des Freibetrags ist nach dem, was du bereits durch die Lektüre dieses Buches gelernt hast, denkbar einfach:

Höhe der Einkommensgrenze im Rentenjahr 2025/26

Höhe des Rentenwertes	Faktor Freibetrag	Höhe der Einkommensgrenze
40,79 €	26,4	= 1.076,86 €

Erhöhung pro waisenrentenberechtigtem Kind im Rentenjahr 2025/26

Höhe des Rentenwertes	Faktor Freibetrag pro Kind	Höhe der Einkommensgrenze
40,79 €	**5,6**	**= 228,42 €**

Übersicht Freibeträge im Rentenjahr 2025/26

Je nachdem, wie viele Kinder du hast, die im Halbwaisenrentenbezug sind, ergeben sich für dich folgende Freibeträge:

Freibetrag (monatlich) – Rentenjahr 2025/26	
Hinterbliebene (alleine)	1.076,86 €
Hinterbliebene, 1 Kind	1.305,28 €
Hinterbliebene, 2 Kinder	1.533,70 €
Hinterbliebene, 3 Kinder	1.762,12 €
Hinterbliebene, 4 Kinder	1.990,54 €

Ist das Kind nicht mehr kindergeldberechtigt und damit in der Regel auch nicht mehr halbwaisenrentenberechtigt, entfällt der entsprechende Kinderfreibetrag und du rutschst ab dem entsprechenden Monat eine Stufe höher in der obigen Tabelle. Das wird vor allem beim Übergang von Schule zu Ausbildung wichtig, denn hier gilt, wie oben erwähnt, eine Übergangszeit von nur vier Monaten. Ist im eigenen Bundesland der Schulabschluss sehr früh, und wird eine Ausbildung erst im September angefangen oder ein Studienplatz erst im Oktober angetreten, können durchaus längere Übergangszeiten entstehen, die folglich ohne Halbwaisenrentenbezug sind und für die dann auch der geringere Freibetrag gilt.

! Sobald der Ausbildungsvertrag unterschrieben oder die Immatrikulationsbescheinigung vorhanden ist, sende diesen **sofort** an die Deutsche Rentenversicherung, um auch für die Übergangszeit die Halbwaisenrente – und damit auch den erhöhten Freibetrag – gewährt zu bekommen.

Anmerkung: Die Bertelsmann-Stiftung hat im Jahr 2021 herausgefunden, dass eine Mutter mit dem ersten Kind 40 % ihres Lebenserwerbseinkommens einbüßt, beim zweiten Kind sind es schon 54 %, beim dritten 68 %, wohingegen der Vater sein Lebenserwerbseinkommen mit dem ersten Kind sogar etwa 10 % steigern kann (»Frauen auf dem deutschen Arbeitsmarkt«, Bertelsmann Stiftung, Juni 2020, Gütersloh). Die Frage darf gestellt werden, warum der Kinderfreibetrag bei jungen Hinterbliebenen nicht lebenslang gewährt wird, denn wie wir ja bereits wissen, betrifft die Hinterbliebenenrente zum überwiegenden Teil Frauen? Denn genau zu dem Zeitpunkt, an dem die Kinder aus dem Haus sind und die kostenlose Care-Arbeit in die unter anderem für die Altersrente so wichtige Erwerbsarbeit »umgetauscht« werden kann, wird der Freibetrag um den Kinderfreibetrag gesenkt und die Hinterbliebenenrente stärker und demnach höher gekürzt als »mit Kind im Haus«.

Kleiner Exkurs: Höhe anderer Einkommensgrenzen im Vergleich

Im Vergleich zu allen anderen Rentenarten kann neben einer Hinterbliebenenrente am wenigsten dazuverdient werden. Die anrechnungsfreien Bruttobeträge liegen bei allen anderen Rentenarten höher, wie die nachfolgende Tabelle verdeutlicht. Bei den vorgezogenen Altersrenten wurden die Einkommensgrenzen zum 1.1.2023 sogar gänzlich abgeschafft.

Anrechnungsfreie Bruttobeträge nach Rentenart

Altersrente (seit 1.1.2023)	**Erwerbsminderung (2025)**		**Hinterbliebenenrenten 1) (Rentenjahr 2025/2026)**	
	teilweise	**voll**	**Alleinstehende**	**1 Kind**
Keine Hinzuverdienstgrenze	39.322,– € pro Jahr	19.661,– € pro Jahr	21.537,20 € pro Jahr	26.105,60 € pro Jahr

1) gerechnet wird das höchstmögliche anrechnungsfreie sozialversicherungspflichtige Brutto mal 12 Monate, siehe Punkt 6.9 »Wie viel kannst Du maximal anrechnungsfrei verdienen?«

Bei einem zu erwartenden Durchschnittsentgelt von 50.493,00 € im Jahr 2025 für die Rentenberechnung wird anhand dieser Zahlen wohl schnell klar, dass eine Vollzeitarbeit für Hinterbliebene in den allermeisten Fällen anrechnungsfrei nicht möglich ist. Hinterbliebene können durch die niedrige Hinzuverdienstgrenze anrechnungsfrei nur knapp einen halben Entgeltpunkt für ihre eigene Altersrente ansammeln, obwohl sie nicht erwerbsgemindert sind. **Mehr-Arbeit über dem Freibetrag scheint durch die Kürzungen der Rente schlicht nicht wirtschaftlich.** Das ist schon allein aus der Sicht des Fachkräftemangels volkswirtschaftlich unsinnig. Die niedrige Einkommensgrenze stellt aber gerade junge Hinterbliebene vor große Probleme, **die durch ihre eigene Erwerbstätigkeit unbedingt noch Entgeltpunkte für die eigene Altersrente sammeln sollten** und durch die niedrige Hinzuverdienstgrenze in einen echten wirtschaftlichen Konflikt geraten.

6.6 Das »fiktive Netto-Einkommen«

Ausschlaggebend bei der Berechnung von Einkommen ist dein sogenanntes **fiktives Netto.** Das ist – wie der Name schon sagt – fiktiv und hat mit deinem Netto auf deiner Verdienstabrechnung nicht viel zu tun. Im Sozialgesetzbuch können die sogenannten Pauschalen für jede Einkunftsart abgelesen werden, die bei der Einführung der Hinzuverdienstgrenze im Jahr 1986 als angemessen für Steuern und weitere Abgaben angesehen wurden. Die Pauschalen wurden seither nicht entscheidend angepasst – ob sie daher nach über 35 Jahren noch der Realität entsprechen, sei mal dahingestellt.

Die Pauschale bei der **Einkommensart nichtselbstständige Arbeit liegt bei 40 %.** Die Einkommensarten richten sich strikt nach dem Steuerrecht, also gibt es beispielsweise auch Einkommen aus Vermietung und Verpachtung (Pauschale 25 %), Bezüge von Beamten (Pauschale 27,5 %), Renten aus eigener Versicherung wie zum Beispiel Altersrente (Pauschale 14 %), Einnahmen aus Kapitalvermögen (Pauschale 25 %) und einige andere. Eine tabellarische Übersicht der verschiedenen Pauschalen findest du unter Punkt 6.10 »Pauschalen in der Übersicht«.

Jetzt kommen wir wieder zum Steuerjahr: Rechnest du beispielsweise alle deine Einkünfte aus der Einkommensart nichtselbstständige Arbeit des Jahres zusammen, also mit sämtlichen Monatsentgelten, Urlaubs- und Weihnachtsgeld sowie sonstigen steuerpflichtigen Zahlungen, hast du ein Jahres-Bruttoentgelt. Du findest die aktuellen Jahressummen in der Regel auch auf deinen Verdienstabrechnungen und für das vergangene Steuerjahr findest du sie zusätzlich auf dem »Ausdruck der Elektronischen Lohnsteuerbescheinigung für 20XX«. Wichtig ist, dass die Deutsche Rentenversicherung sich nicht auf deinen »Bruttoverdienst« oder auf dein »lohnsteuerpflichtiges Brutto« bezieht, sondern auf das **»sozialversicherungspflichtige Brutto«.** Hast du beispielsweise eine betriebliche Altersversorgung (bAV), einen Firmenwagen oder ein Jobrad, kann das sozialversicherungspflichtige Brutto deutlich geringer sein als dein eigentlicher Bruttoverdienst.

! Die Inflationsausgleichspauschale ist bzw. war steuerfrei – und demnach auch anrechnungsfrei bei den Hinterbliebenenrenten.

Dein sozialversicherungspflichtiges Jahresbrutto abzüglich der jeweiligen Pauschale und dann geteilt durch zwölf Monate (oder geteilt durch weniger Monate, wenn das Einkommen in weniger Monaten erwirtschaftet wurde) ergeben dein fiktives Netto für diese Einkommensart. Hast du mehrere Einkommensarten, beispielsweise eine geringfügige Beschäftigung (Achtung: Pauschale 0 %, wenn ohne Abgabe von Sozialversicherungsbeiträgen), musst du das für jede Einkommensart einzeln rechnen und am Ende alle fiktiven Netto-Beträge zusammenzählen.

» Dein Einkommen beträgt 2.000,– € sozialversicherungspflichtiges Brutto aus nichtselbstständiger Tätigkeit, kein Weihnachts- oder Urlaubsgeld, keine anderen Einkünfte.

2.000,– € – 40 % Pauschale = **1.200,– € fiktives Netto.**

Hinweis: Eine betriebliche Altersversorgung (bAV) senkt das sozialversicherungspflichtige Brutto und ist demnach eine der wenigen Möglichkeiten, legal die Kürzungen der Hinterbliebenenrente etwas zu senken. **Aber Vorsicht:** Bei der Auszahlung ist die bAV wiederum steuer- sowie krankenversicherungspflichtig – und demnach auch anrechenbar.

6.7 Der sogenannte Mehrbetrag und die Kürzung

Der Mehrbetrag ist sozusagen das, was du »zu viel« verdienst, und das, was letztendlich deine Rente kürzt. In dem oben genannten Beispiel hast du ein fiktives Netto von 1.200,– € und keine weiteren Einkünfte.

Bist du Bezieher von Hinterbliebenenrente **ohne Kinder** im Waisenrentenbezug, hast du einen Freibetrag von 1.038,05 €.

1.200,– € fiktives Netto – 1.038,05 € Freibetrag = **161,95 € Mehrbetrag.**

161,95 € ist dein sogenannter Mehrbetrag.

Deine Hinterbliebenenrente wird **um 40 % des Mehrbetrags** gekürzt. Hier ist die Formel schon wieder 40 %, das hat aber nichts mit der oben genannten Pauschale zu tun.

40 % Kürzung von 161,95 € Mehrbetrag = 64,78 € Kürzung der Rente.

Deine Rente wird ab dem 1. Juli um monatlich 64,78 € gekürzt. Da Renten immer brutto ausgezahlt werden, ist die Kürzung selbstverständlich auch brutto.

6.8 Beispiele

Die Berechnungen klingen erst einmal kompliziert – sind sie auch. Um eine bessere Übersicht zu bekommen, sollen diese tabellarischen Übersichten helfen. Bei welchem Einkommen wird deine Rente also um wie viel Euro gekürzt?

Übersicht Beispielrechnungen

Arbeitsentgelt aus abhängiger Beschäftigung (SV-pfl. Brutto)	**20.000,– €**	**25.000,– €**	**30.000,– €**	**35.000,– €**	**40.000,– €**
Pauschaler Abzug bei Arbeitsentgelt aus abhängiger Beschäftigung	40 %	40 %	40 %	40 %	40 %
Fiktives Netto	12.000,– €	15.000,– €	18.000,– €	21.000,– €	24.000,– €
Einkommen geteilt durch 12 Monate	1.000,– €	1.250,– €	1.500,– €	1.750,– €	2.000,– €
Dein Freibetrag als Alleinstehende	**1.076,86 €**	**1.076,86 €**	**1.076,86 €**	**1.076,86 €**	**1.076,86 €**
Dein sog. »Mehrbetrag«	–	173,14 €	423,14 €	673,14 €	923,14 €
40 % des Mehrbetrags	–	69,26 €	169,26 €	269,26 €	369,26 €
Kürzung deiner Rente um	**–**	***69,26 €***	***169,26 €***	***269,26 €***	***369,26 €***

Arbeitsentgelt aus abhängiger Beschäftigung (SV-pfl. Brutto)	**20.000,– €**	**25.000,– €**	**30.000,– €**	**35.000,– €**	**40.000,– €**
Dein Freibetrag mit 1 Kind	**1.305,28 €**	**1.305,28 €**	**1.305,28 €**	**1.305,28 €**	**1.305,28 €**
Dein sog. »Mehrbetrag«	–	–	194,72 €	444,72 €	694,72 €
40 % des Mehrbetrags	–	–	77,89 €	177,89 €	277,89 €
Kürzung deiner Rente um	**–**	**–**	***77,89 €***	***177,89 €***	***277,89 €***
Dein Freibetrag mit 2 Kindern	**1.533,70 €**	**1.533,70 €**	**1.533,70 €**	**1.533,70 €**	**1.533,70 €**
Dein sog. »Mehrbetrag«	–	–	–	216,30 €	466,30 €
40 % des Mehrbetrags	–	–	–	86,52 €	186,52 €
Kürzung deiner Rente um	**–**	**–**	**–**	***86,52 €***	***186,52 €***

An diesen Tabellen ist ersichtlich, welche Wirkung der jeweils erhöhte Freibetrag durch ein waisenrentenberechtigtes Kind auf die Kürzung der Hinterbliebenenrente hat.

6.9 Wie viel kannst du maximal anrechnungsfrei verdienen?

Eine der meistgestellten Fragen ist, wie viel du höchstens verdienen kannst, ohne dass die Witwenrente gekürzt wird. Der Betrag hängt natürlich vom jeweiligen Freibetrag ab und kann sich auch unterm Jahr verändern, zum Beispiel wenn es eine Rentenerhöhung gibt oder ein erhöhter Freibetrag für ein Kind wegfällt (oder hinzukommt).

Die hier aufgeführten Beträge sind die höchstmöglichen anrechnungsfreien monatlichen sozialversicherungspflichtigen Bruttoverdienste. Dabei ist zu beachten, dass es sich

1. um das jeweilige sozialversicherungspflichtige Brutto handelt.
2. Sonderzahlungen wie Urlaubs- und Weihnachtsgeld mit eingerechnet sind.

Was die Sonderzahlungen angeht, ist die Rechnung recht einfach: Entweder du teilst die jeweilige Sonderzahlung durch zwölf Monate (oder die Zeit, in der sie erwirtschaftet wurde, wenn z.B. nur ein halbes Jahr lang gearbeitet worden ist: geteilt durch sechs Monate), oder du nimmst das sozialversicherungspflichtige Jahresbrutto von der Dezember-Lohnabrechnung und teilst dieses durch zwölf Monate.

	Freibetrag (monatlich)	**Dein höchstmöglicher Bruttoverdienst ohne Kürzungen**
Hinterbliebene (alleine)	1.076,86 €	1.794,77 €
Hinterbliebene, 1 Kind	1.305,28 €	2.175,47 €
Hinterbliebene, 2 Kinder	1.533,70 €	2.556,17 €
Hinterbliebene, 3 Kinder	1.762,12 €	2.936,87 €
Hinterbliebene, 4 Kinder	1.990,54 €	3.317,57 €

Kommst du bei der individuellen Rechnung über den jeweiligen Bruttobetrag in der rechten Spalte, wird deine Rente gekürzt.

Wie oben schon erwähnt, ist für die Kürzung der Hinterbliebenenrente ab dem 1. Juli das jeweilige sozialversicherungspflichtige Bruttoeinkommen des Vorjahres grundlegend. Es empfiehlt sich daher, das Steuerjahr abzuwarten, um dein individuelles sozialversicherungspflichtiges Bruttoeinkommen leichter und genauer zu ermitteln.

6.10 Pauschalen in der Übersicht

Mit den jeweiligen Pauschalen rechnest du von deinem sozialversicherungspflichtigen Jahresbrutto-Einkommen zum sogenannten fiktiven Nettoeinkommen. Wie oben schon erwähnt, richtet sich die Deutsche Rentenversicherung bei der Einkommensanrechnung sehr stark nach dem deutschen Steuerrecht, sowohl in der Einteilung der Einkommensarten als auch in der Höhe der jeweiligen Pauschalen. Es gilt der Grundsatz: **Rentenrecht folgt Steuerrecht.** Die Pauschalen stehen je nach Einkunftsart für die üblichen Sätze für Steuern und eventuelle sonstigen Abgaben vom eigentlichen Bruttobetrag. Jede Einkommensart hat eine eigene Pauschale:

So wird das Nettoeinkommen berechnet	Höhe der pauschalen Abzüge[1]
Anzurechnendes Einkommen/Erwerbseinkommen	
Arbeitsentgelt aus abhängiger Beschäftigung, Vorruhestandsgeld (West), Überbrückungsgeld vom Arbeitgeber	40 %
Arbeitsentgelt aus geringfügiger versicherungs**freier** Beschäftigung oder aus geringfügiger Beschäftigung **mit Befreiung** von der Versicherungspflicht	kein Abzug
Arbeitsentgelt aus geringfügiger versicherungs**pflichtiger** Beschäftigung oder aus geringfügiger Beschäftigung **ohne Befreiung** von der Versicherungspflicht (siehe auch 6.11 »Die Besonderheit bei einem Minijob«)	40 %
Arbeitseinkommen aus selbstständiger Tätigkeit (ggf. gemindert um abziehbare Kinderbetreuungskosten)	39,8 %
Arbeitsentgelt aus versicherungsfreier Beschäftigung neben dem Bezug einer Vollrente wegen Alters	30,5 %
Bezüge von Beamten	27,5 %
Vermögenseinkommen	
Einnahmen aus Kapitalvermögen[2], Einnahmen aus Vermietung und Verpachtung[3], Gewinne aus privaten Veräußerungsgeschäften (ggf. gemindert um abziehbare Kinderbetreuungskosten)	grundsätzlich 25 %

So wird das Nettoeinkommen berechnet	Höhe der pauschalen Abzüge[1)]
Elterngeld	300,– € bzw. 150,– €[4)]
Kurzfristiges Erwerbsersatzeinkommen (auch private Vorsorge)	
Krankengeld, Verletztengeld, Überbrückungsgeld der Seemannskasse	Beitragsanteil des Berechtigten zur Bundesagentur für Arbeit und zusätzlich 10 %[5)]
Versorgungskrankengeld, Mutterschaftsgeld, Übergangsgeld, Berufsausbildungsbeihilfe für Arbeitslose, Arbeitslosengeld, Insolvenzgeld, Übergangsleistung nach der Berufskrankheiten-Verordnung	kein Abzug bzw. 10 %[5)]
Kurzarbeitergeld	40 %
Dauerhaftes Erwerbsersatzeinkommen	
Renten aus eigener Versicherung aus der gesetzlichen Rentenversicherung, Altersrenten und Renten wegen Erwerbsminderung der Landwirtschaftlichen Alterskasse	14 %
Renten aus der knappschaftlichen Rentenversicherung	14 %
	zuzüglich 25 %[6)]
Betriebsrenten	17,5 % bzw. 23 %
Renten aus privaten Lebens- und Rentenversicherungen, allgemeinen Unfallversicherungen und sonstige private Versorgungsrenten	12,7 %
Ruhegehalt und vergleichbare Bezüge, Unfallruhegehalt und vergleichbare Bezüge	25 %/43,6 %[6)]
Renten der berufsständischen Versorgung	29,6 %/31 %[6)]
Verletztenrente aus der gesetzlichen Unfallversicherung, Berufsschadensausgleich nach dem Bundesversorgungsgesetz und nach anderen Gesetzen	kein Abzug bzw. 10 %[5)]

Quelle: basierend auf 19. Auflage »Hinterbliebenenrente: Hilfe in schweren Zeiten« der Deutschen Rentenversicherung von 07/2024

1) Diese Pauschalsätze gelten bei einem Leistungsbeginn nach 2010.

2) abzüglich des Sparer-Pauschbetrages

3) nach Abzug der Werbungskosten

4) bei Verlängerung des Elterngeldbezugszeitraums

5) Wenn der Berechtigte Beiträge zur sonstigen Sozialversicherung oder zu einem Krankenversicherungsunternehmen zahlt

6) Diese Pauschalsätze gelten seit dem 1.7.2002, wenn für den Betreffenden »altes Recht« gilt.

6.11 Die Besonderheit bei einem Minijob

Der Minijob hat für Hinterbliebene eine besondere Bedeutung. Historisch betrachtet ist es so, dass es den Minijob bei der Einführung der Hinzuverdienstgrenze 1986 noch nicht gab. Rentenversicherungsfreie Minijobs gibt es eben erst seit 1986. Für diese Beschäftigungsverhältnisse gab es damals keine Beitragspflicht für die gesetzliche Sozialversicherung (Arbeitslosen-, Kranken-, Pflege-, Rentenversicherung). Erst mit der Reform zum 1.4.1999 wurde die Sozialversicherungspflicht für geringfügig entlohnte Beschäftigte eingeführt. Heutzutage besteht grundsätzlich Rentenversicherungspflicht im Minijob, jedoch können sich geringfügig Beschäftigte hiervon auf Antrag befreien lassen (wovon in der Regel dringend abzuraten ist).

Anrechnung auf die Hinterbliebenenrente?

Folgende Regeln gelten bezüglich der Einkommensanrechnung bei den Hinterbliebenenrenten:

Hast du eine geringfügige Beschäftigung, bei der du dein Arbeitsentgelt brutto für netto erhältst, weil **ausschließlich dein Arbeitgeber** die Beiträge zahlt, wird das Arbeitsentgelt auch zu 100 % bei der Einkommensanrechnung berücksichtigt, also **ohne Pauschale** wie oben in der Tabelle angegeben.

Anders verhält sich das, wenn Pflichtbeiträge zur Rentenversicherung gezahlt werden und du zusätzlich zu deinem Arbeitgeber auch Beitragsanteile trägst. Obwohl sich die tatsächliche Beitragsbelastung für dich nur auf 3,6 % des Arbeitsentgelts beläuft (18,6 % voller Beitragssatz abzüglich 15 % Arbeitgeberanteil), wird dir in **dieser Form des Minijobs** dein Bruttoentgelt mit einer **Pauschale von 40 %** zum fiktiven Netto heruntergerechnet.

Bist du in einem Privathaushalt im Minijob angestellt, gilt folgende Formel: 18,6 % voller Beitragssatz abzüglich 5 % Arbeitgeberanteil (Privathaushalt) = 13,6 % (dein Anteil). Aber auch bei **dieser Form**

des Minijobs in einer Anstellung im Privathaushalt wird dir dein Bruttoentgelt mit einer **Pauschale von 40 %** zum fiktiven Netto heruntergerechnet.

! Verzichte **niemals** auf die Rentenversicherungspflicht im Minijob. Das gilt natürlich auch für deine Kinder, falls sie als Schüler oder Studierende einen Minijob ausüben. Wenn diese geringfügigen Beschäftigungen auch deine Altersrente nicht spürbar erhöhen, so können jedoch die Monate hieraus entscheidend für die Erfüllung der Wartezeiten sein. Außerdem hast du nach sechs Monaten Anspruch auf Reha-Leistungen und gehörst unmittelbar zum förderberechtigten Personenkreis für die »Riester-Rente«.

Bei einem Monatsverdienst von 556,– € steigt die monatliche Altersrente nach einem Jahr im Minijob derzeit um etwa 5,– €.

6.12 Downloads/App/Excel »Berechnungshilfe«

Die Deutsche Rentenversicherung sieht es leider nicht als eine ihrer Aufgaben an, Betroffenen die Einkommensanrechnung per Excel-Datei oder App zu erleichtern und damit eine praktische Lebenshilfe bereitzustellen. Es gibt vonseiten der Deutschen Rentenversicherung nur schriftliche Beschreibungen der Einkommensanrechnung zum Beispiel in der jährlich neu veröffentlichten Broschüre »**Hinterbliebenenrente: Hilfe in schweren Zeiten**«. Eine grobe Rechenhilfe bietet allenfalls die Broschüre »**Zahlen und Tabellen der gesetzlichen Rentenversicherung**«, welche jeweils im Januar und Juli eines Jahres ausschließlich auf den Seiten der Deutschen Rentenversicherung Bayern Süd zum Download angeboten wird.

Auf meiner Webseite steht eine »**Berechnungshilfe Hinterbliebenenrente**«, für kleines Geld zum Download zur Verfügung (https://verwitwet-alleinerziehend.de/downloads/). In diese Excel-Liste müssen lediglich ein paar Daten eingegeben werden, wie die zugesprochenen Entgeltpunkte der Hinterbliebenenrente, die Rentenart (Witwenrente oder Erziehungsrente, altes Recht/neues Recht) und der Zusatzbeitrag der Krankenkassen, und prompt kann mithilfe des erzielten oder des gewünschten Einkommens die Kürzung der Hinterbliebenenrente berechnet werden. Die Datei wird regelmäßig aktualisiert, allerdings sind die Berechnungsergebnisse natürlich ohne Gewähr. Für rechtsverbindliche Auskünfte und Berechnungen wende dich bitte direkt an die Deutsche Rentenversicherung.

6.13 Die 10-Prozent-Marke

Bei erheblichen Einkommensminderungen, die dazu führen können, dass die Hinterbliebenenrente weniger stark als bislang gekürzt wird, erfolgt **auf Antrag** sofort eine Neuberechnung der Rente. Als erheblich gilt dabei eine Einkommensminderung *»um wenigstens zehn vom Hundert«* – also um 10 %. Wenn deine Hinterbliebenenrente also wegen der Anrechnung von Arbeitseinkommen gemindert wird und sich deine Einkünfte um mehr als 10 % mindern, kannst du **eine sofortige Neuberechnung** anfordern. Das regelt § 18b Abs. 3 SGB IV. Die neue Berechnung gilt dann ab dem Monat, ab dem dein Einkommen niedriger ausfällt. Bitte schau dir hierzu unbedingt Punkt 8.1 »Einfach genial: Der Lifehack bei der Einkommensanrechnung« an.

Bei Mehreinkommen gilt das wohl nicht, jedenfalls steht das so nicht im Gesetzestext. Generell gilt: Wenn es um die Anrechnung des Einkommens auf die Hinterbliebenenrente geht, spielt dein Arbeitseinkommen im aktuellen Kalenderjahr keine Rolle. Eine Erhöhung deines Einkommens im laufenden Rentenjahr (vom 1. Juli bis zum 30. Juni) interessiert die Deutsche Rentenversicherung dann zunächst nicht. Dein höheres Arbeitseinkommen wird erst ab dem folgenden Anpassungstermin mit Start des neuen Rentenjahres, also am darauffolgenden 1. Juli, berücksichtigt. Bis dahin zählt vielmehr dein durchschnittlicher Bruttoverdienst des davor liegenden Steuerjahres. Das gilt auch dann, wenn inzwischen – beispielsweise – aus deinem früheren Teilzeitjob eine Vollzeitbeschäftigung wurde und du nun deutlich mehr verdienst.

6.14 Die Nullrentner müssen selbst aktiv werden

Wie im Vorwort erwähnt, gelten über eine halbe Million Hinterbliebene für die Deutsche Rentenversicherung als sogenannte »Nullrentner«. Das sind Witwen und vor allem Witwer, die im Prinzip einen Anspruch auf Hinterbliebenenrente haben, weil ihr gesetzlich rentenversicherter Ehepartner verstorben ist. Ihnen wird aber keine Hinterbliebenenrente ausgezahlt, weil ihr eigenes Einkommen dafür – in der Vergangenheit jedenfalls – zu hoch war und vielleicht auch vor allem die Witwerrente (für Männer) nicht so hoch ausfällt. Sobald sich allerdings das Einkommen verringert, kann Anspruch auf die Zahlung einer Hinterbliebenenrente bestehen.

In solchen Fällen solltest du **selbst aktiv werden** und sofort nach der Senkung deines Einkommens einen Antrag auf Überprüfung deines Einkommens und damit deines Anspruchs auf Hinterbliebenenrente stellen. Dies ist in § 18d Abs. 2 SGB IV geregelt. Dabei brauchst du nicht den Anpassungsstichtag 1. Juli abzuwarten.

Wichtig: Von sich aus wird die Deutsche Rentenversicherung bei Verminderung des Einkommens bei Nullrentnern in der Regel nicht aktiv.

Ausnahme: Bezieht der Hinterbliebene selbst Altersrente, so wird das – naturgemäß – bei der Deutschen Rentenversicherung aktenkundig und somit berücksichtigt.

Rückwirkende Berücksichtigung der Einkommensänderung möglich

Wer es verpasst hat, der Rentenversicherung rechtzeitig das Sinken ihres oder seines Einkommens mitzuteilen, hat noch nichts verloren. Denn in diesem Fall erfolgt – wenn ein Überprüfungsantrag gestellt wird und sich ein Hinterbliebenenrentenanspruch ergibt – für bis zu **vier Jahre rückwirkend** eine Rentennachzahlung. Der 4-Jahres-Zeitraum wird von Beginn des Jahres an zurückgerechnet, in dem der Überprüfungsantrag gestellt wird.

6.15 Die »Rentenfalle« für jung Verwitwete oder der systembedingte Weg in die Altersarmut

Unter dem Begriff der Rentenfalle für jung Verwitwete verstehe ich Folgendes: Eine junge verwitwete Alleinerziehende oder ein junger verwitweter Alleinerziehender hat einen erhöhten Freibetrag bei der Einkommensanrechnung der Hinterbliebenenrente, solange das Kind oder die Kinder noch Halbwaisenrente(n) bezieht oder beziehen. Sie oder er kann während dieser Zeit entsprechend mehr fiktives Netto-Einkommen anrechnungsfrei dazuerwirtschaften. Fällt die Halbwaisenrente später weg, sinkt der Freibetrag der oder des Betroffenen um genau diesen Kinderfreibetrag und die Hinterbliebenenrente wird folglich noch früher gekürzt.

Das Wahnwitzige ist doch, dass genau in dem Moment, wenn die Kinder aus dem Haus sind – also genau in dem Moment im Lebenszyklus, wenn die **kostenlose Care-Arbeit wegfällt** und rein zeitlich gesehen in Erwerbsarbeit umgewandelt werden könnte –, **Erwerbsarbeit noch weniger wirtschaftlich** wird, als sie vorher schon war. Ich habe zu dieser Situation bisher leider noch keine veröffentlichten Zahlen gefunden, Fakt ist aber, dass laut nicht repräsentativen Umfragen in meiner Facebook-Gruppe 85 % der Betroffenen sofort mehr arbeiten gehen würden (oder später, wenn die Kinder aus dem Haus sind), wenn die Hinzuverdienstgrenze stark steigen oder gleich ganz entfallen würde. Bei den vorgezogenen Altersrenten entfiel die Einkommensgrenze zum 1.1.2023 gänzlich und bei den Erwerbsminderungsrenten ist sie ab dem 1.1.2023 stark angestiegen, aber bei den Hinterbliebenenrenten möchte der Gesetzgeber »ganz bewusst« keine Änderungen herbeiführen. So lautet die übliche Antwort auf meine Petitionen wiederkehrend so, dass *»dies aus Sicht des Petitionsausschusses auch sachgerecht [ist]«* (Quelle 5).

Gehen Betroffene in der Zeit der Erwerbsbiografie nach der Care-Arbeitszeit bis zum Renteneintritt allerdings weiterhin wenig einer bezahlten Erwerbstätigkeit nach – oder gar noch weniger wegen des geringeren Freibetrags –, hat dies drastische negative Auswirkungen auf die Höhe der eigenen Altersrente. Deswegen sage ich: Die derzeitigen Regelungen bei den Hinterbliebenenrenten sind der systembedingte Weg in die Altersarmut für jung Verwitwete!

6.16 Pflegegeld

Ein Wort noch zum Pflegegeld. Unter Betroffenen wird oft die Frage gestellt, ob das Pflegegeld, was sie zur Pflege anderer Personen (der Mutter, der Tante, des eigenen Kindes) von der Pflegekasse oder auch aus einer privaten Versicherungsleistung erhalten, bei der Hinterbliebenenrente angerechnet wird.

Die Antwort ist so einfach wie befreiend: Nein. Pflegegeld ist zur Pflege da und streng genommen das Geld des Versicherten, also der Mutter, der Tante oder des eigenen Kindes. Das Geld wird zudem als Versicherungsleistung brutto gleich netto ausgezahlt, das bedeutet, das Geld, was überwiesen wird, steht auch faktisch zur Verfügung. Es gibt keine Abzüge, keine Versteuerung und keine Anrechnung an die Hinterbliebenenrenten.

Pflegeversicherung für die Kinder

Hast du selbst für dich oder für deine Kinder eine private Invaliditäts-, Unfall- oder Pflegeversicherung abgeschlossen? Der Abschluss einer privaten Pflegeversicherung für Kinder kann sich lohnen, alternativ gibt es auch eine sogenannte Invaliditätsversicherung, die nicht nur den Fall der Pflege, sondern auch den Fall eines Unfalls und einer Erkrankung absichert. Das Schöne an diesen Versicherungen ist, dass die Beiträge sehr gering sind, je jünger die Kinder sind. Es kann also durchaus sein, dass die Versicherung einen äußerst geringen einstelligen Monatsbeitrag hat, wenn du sie früh für dein Kind oder deine Kinder abgeschlossen hast, dafür aber eine große Leistung bringt, wenn ein Pflegefall tatsächlich eintritt.

Ein Pflegefall bei meinem Kind ist aber wirklich unwahrscheinlich, fragst du dich entsetzt? ADHS zum Beispiel ist heutzutage gar keine unwahrscheinliche Diagnose und wird nicht selten mit einem Pflegegrad belegt. Die oder der Pflegende erhält dann nicht nur anrechnungsfreie, steuerfreie und sozialversicherungsfreie Versicherungsleistungen aus der gesetzlichen Krankenversicherung, sondern auch noch die ebenfalls anrechnungsfreien, steuerfreien und sozialversicherungsfreien Versicherungsleistungen aus der zusätzlichen privaten Pflege- oder Invaliditätsversicherung.

Zusätzlich dazu gibt es für pflegende Angehörige unter bestimmten Bedingungen auf Antrag **extra Entgeltpunkte für die eigene Altersrente.** Wir wissen ja inzwischen, wie wichtig die Entgeltpunkte für die eigene Altersrente sind.

! Ob und welche privaten Versicherungen sich speziell für Kinder wirklich lohnen, erfährst du neutral von den **Verbraucherzentralen.** Die Beratungen rund um Versicherungen und Geldanlagen kosten etwa 200,– €. Das ist aber gut angelegtes Geld, wenn man sich nicht jeden Tag damit beschäftigt. Beachte, dass Versicherungen und Banken in ihren kostenlosen »Beratungsgesprächen« immer provisionsgesteuert arbeiten und selten Auskunft darüber geben, wie viel sie gerade mit dir verdienen. Es gilt der Grundsatz: »Versicherungsvertreter verkaufen Versicherungen und Banken verkaufen Geld.«

6.17 Der Sockelbetrag der Wachstumsinitiative

Bis Anfang des Jahres 2024 für unmöglich gehalten, macht die Wachstumsinitiative der Ampel-Regierung plötzlich Unmögliches möglich: Der Freibetrag bei den Hinterbliebenenrenten wird um einen Sockelbetrag erhöht, wenn die Pläne tatsächlich umgesetzt werden. Nach Einwänden der Deutschen Rentenversicherung allerdings erst zum 1.7.2027. Das beweist: Wo ein Wille, da ein Weg. Auch wenn etliche Petitionen in den letzten Jahren abgelehnt wurden, ist die Erhöhung des Freibetrags möglich. Der Fachkräftemangel macht es möglich, allerdings – und da die deutliche Kritik – nur bis zum Mindestlohn. Der jeweilige Mindestlohn soll anrechnungsfrei bleiben. Steigt der Mindestlohn von derzeit 12,41 € auf beispielsweise 15,– €, so wie kürzlich von Arbeitsminister Heil gefordert, steigt auch der Sockelbetrag. Aber wieso nur bis zum Mindestlohn? Arbeiten alle Hinterbliebenenrentnerinnen zum Mindestlohn? Nein!

Warum wurde nicht das für die Rentenversicherung ausschlaggebende **Durchschnittsentgelt** anrechnungsfrei gestellt? Wo ein Wille, da ein Weg. Nur scheint der Wille nicht besonders groß und Mehrheiten scheinen zu fehlen.

Der Gesetzesentwurf der Wachstumsinitiative vom 4.9.2024

»Einführung eines »Sockelbetrags« bei der Einkommensanrechnung bei Renten wegen Todes

Wir erhöhen die Anreize für Hinterbliebene, eine Erwerbstätigkeit auszuweiten oder aufzunehmen, indem Erwerbseinkommen und kurzfristiges Erwerbsersatzeinkommen bis zu einem Betrag von aktuell 538 EUR im Monat (»Sockelbetrag«) von der Einkommensanrechnung auf Renten wegen Todes ausgenommen werden. Im Ergebnis bleibt damit eine Vollzeittätigkeit zum gesetzlichen Mindestlohn bei Bezug einer Hinterbliebenenrente regelmäßig anrechnungsfrei.« (Quelle 12)

Johannes Steffen erklärt den Sockelbetrag in seiner Übersicht zur Wachstumsinitiative wie folgt: *»Ab Juli 2027 wird zur Bestimmung des »Netto« vor Abzug des 40-prozentigen Pauschalbetrags bei Erwerbs- oder kurzfristigen Erwerbsersatzeinkommen zunächst ein Sockelbetrag (bis zur Höhe der jeweils maßgeblichen Geringfügigkeitsgrenze gem. § 8 Abs. 1a SGB IV – 2024: 538 €) von der Anrechnung ausgenommen. Damit wird gewährleistet, dass eine geringfügig entlohnte Beschäftigung oder Tätigkeit, die neben der Hinterbliebenenrente ausgeübt wird, stets anrechnungsfrei bleibt, sofern es sich um das einzige Erwerbseinkommen handelt.«* (Quelle 13)

Im Gesetzesentwurf steht auch noch: »*Die Hinweise der Deutschen Rentenversicherung Bund wurden zum Anlass genommen, die Einführung des »Sockelbetrages« vom 1. Juli 2025 auf den 1. Juli 2027 und das Inkrafttreten der Rentenaufschubprämie vom 1. Januar 2027 auf den 1. Januar 2028 zu verschieben.*« (Quelle 12)

Ist das Ende der Ampel-Regierung auch das Ende der Wachstumsinitiative?

Vorläufig bleibt also alles beim Alten. Es ist ungewiss, ob die Pläne der Ampelregierung nach der Bundestagswahl am 23.2.2025 noch umgesetzt werden, aber immerhin haben mindestens drei der großen Parteien Änderungen zur Hinzuverdienstgrenze in ihren Wahlprogrammen. Aber auch wenn die Wachstumsinitiative umgesetzt wird, bleibt vorläufig alles beim Alten. Das Einkommen des Jahres 2024, welches ab 1.7.2025 zur Anrechnung herangezogen wird, wird nach dem alten Muster angerechnet. Auch dein Einkommen vom Steuerjahr 2025, welches ab 1.7.2026 zur Anrechnung herangezogen wird, wird nach dem alten Muster angerechnet. Erst dein Einkommen im Steuerjahr 2026 wird dann – dank der Wachstumsinitiative – wahrscheinlich einen höheren Freibetrag für Erwerbseinkommen haben (für alle anderen Einkünfte wie z.B. die eigene Altersrente, Kapitalerträge oder Einkommen aus Vermietung und Verpachtung gelten nach wie vor die alten Regelungen).

Aber so viel ist sicher: Eine Verschiebung des Vorhabens um zwei Jahre (!) zeigt wieder mehr als deutlich, dass diese »Erleichterung« für Hinterbliebene ein weiteres – und zusätzliches! – Bürokratiemonster für die Deutsche Rentenversicherung ist.

6.18 Der Koalitionsvertrag 2025

Im Koalitionsvertrag 2025 der neuen Regierung von CDU/CSU und SPD ist erfreulicherweise folgende Formulierung zu finden:

»Darüber hinaus verbessern wir die Hinzuverdienstmöglichkeiten bei der Hinterbliebenenrente.« (Quelle: Seite 20, Zeilen 616 und 617). Neue Arbeitsministerin der neuen Regierung ist die ebenfalls verwitwete Bärbel Bas (SPD). Der einstigen Bundestagspräsidentin ist unser Thema bekannt: *»Insgesamt ist es beeindruckend, was Sie und Ihre Mitstreiterinnen durch Ihren Einsatz bisher schon erreicht haben. Ich wünsche Ihnen weiterhin alles Gute und viel Erfolg«* (E-Mail vom 24.09.2024). Angesichts dieser Entwicklungen kann man große Hoffnungen auf echte Veränderungen haben.

7 Steuern

Hinterbliebenenrenten gelten grundsätzlich als Einkommen und müssen demnach auch versteuert werden. Sie werden also brutto ausgezahlt. Die gute Nachricht: Nicht immer ist die Rente zu 100 % zu versteuern. Aber wie kann das sein? Das Zauberwort heißt: **nachgelagerte Besteuerung.** Je nachdem, in welchem Jahr die Rente wegen Todes angefangen hat, ist ein Großteil der Rente dem zu versteuernden Einkommen zuzurechnen. Jede Rentenerhöhung allerdings, und da hat es sich der Gesetzgeber oder die Deutsche Rentenversicherung recht leicht gemacht, ist zu 100 % zu versteuern.

Da das Thema Versteuerung oder generell Steuern in Deutschland doch recht verbreitet ein unbeliebtes Thema ist und die Renten wegen Todes direkt damit zusammenhängen, wird das Thema in diesem Buch recht ausführlich behandelt. Es ist allerdings auch ohne Hinterbliebenenrente wichtig, sich mit dem Thema Steuern zu beschäftigen – dabei kannst du eigentlich nur gewinnen.

In vielen Fällen erkennt die betroffene Witwe in den ersten zwei Jahren die Schwierigkeiten der Hinzuverdienstgrenze und oft genug verzweifeln Betroffene daran. Aber mit der Steuererklärung des dritten Jahres nach dem Tod gibt es aufgrund des Wegfalls des Witwensplittings oft einen regelrechten Schock, weil dann plötzlich und oft genug unerwartet eine hohe Steuernachzahlung winkt. Aus diesen Gründen ist das Thema Versteuerung der Renten sehr wichtig und es ist wichtig, Geld für die nachgelagerte Versteuerung der Hinterbliebenenrenten zurückzulegen. Was das alles genau ist und bedeutet, erfährst du in diesem Abschnitt.

7.1 Grundlagen Steuer und Pflicht zur Steuererklärung

Seit dem 1.1.2005 muss jede Rente in Deutschland versteuert werden. Dabei ist immer das Jahr des Beginns der Rente ausschlaggebend. Jedes Jahr wird der anteilig zu versteuernde Satz für Neurentner angehoben (eine Übersicht dazu findest du unter Punkt 7.5 »Wie hoch sind Renten wegen Todes zu versteuern?«). Alle ab 2058 beginnenden Renten sowie jegliche Rentenerhöhungen gehören allerdings zu 100 % zum zu versteuernden Einkommen – auch heute schon.

Aufgrund dieser sogenannten nachgelagerten Versteuerung ist grundsätzlich erst einmal jede Empfängerin und jeder Empfänger von Renten – auch von Hinterbliebenenrenten und Erziehungsrenten – **zur Steuererklärung verpflichtet.** Wenn du vergisst, eine Steuererklärung einzureichen oder sie verspätet einreichst, muss du mit einem Verspätungszuschlag rechnen. Der Verspätungszuschlag beträgt mindestens 25,– € pro Monat und ist auf einen Betrag von 25.000,– € beschränkt. Du musst dich also darum kümmern – früher oder später.

Kommst du – oder dein Kind – mit deinen Einkünften in der Steuererklärung über den Grundfreibetrag, bist du steuerpflichtig, genauso wie jeder andere Mensch in Deutschland. Für Halbwaisen macht es in der Regel Sinn eine sogenannte **Nichtveranlagungsbescheinigung** zu beantragen. Aber was bedeutet das alles und wie hoch ist der Grundfreibetrag?

7.2 Grundfreibetrag, Steuersatz und Steuerprogression

Zur Erklärung erst einmal ein paar Begriffe: Der wichtigste Steuerfreibetrag ist der **Grundfreibetrag.** Der Grundfreibetrag stellt seit 1996 in Deutschland sicher, dass das **zur Bestreitung des Existenzminimums nötige Einkommen** nicht durch Steuern gemindert wird. Jeder Bürger hat Anspruch darauf – egal ob Kleinkind, Arbeitnehmer oder Rentner. Der Grundfreibetrag ist für alle gleich hoch und wird regelmäßig angepasst.

Die Höhe des Grundfreibetrags

Jahr	Alleinstehende	Verheiratete
2026[1)]	12.336,– €	24.672,– €
2025[1)]	12.084,– €	24.168,– €
2024	11.784,– €	23.568,– €
2023	11.908,– €	21.816,– €
2022	10.347,– €	20.694,– €
2021	9.744,– €	19.488,– €

1) voraussichtliche Höhe nach dem Gesetzentwurf für ein Steuerfortentwicklungsgesetz

Natürlich sind betroffene Hinterbliebene steuerlich gesehen immer Alleinstehende – außer im Jahr des Todes des Verstorbenen und in dem Jahr darauf, umgangssprachlich auch als »**Gnadenjahre**« bezeichnet. In diesen beiden Jahren gilt das sogenannte **Witwensplitting,** denn Betroffene werden steuerlich noch gemeinsam veranlagt behandelt, auch wenn der Partner bereits verstorben ist, siehe Punkt 7.7 »Das Witwensplitting«. In diesen beiden Jahren gilt auch der höhere Grundfreibetrag für Verheiratete.

Steuerprogression, Anfangssteuersatz und persönlicher Durchschnittssteuersatz

In Deutschland gilt die sogenannte **Steuerprogression.** Je mehr zu versteuerndes Einkommen du hast, desto höher der Prozentsatz der Besteuerung. Der **Anfangssteuersatz** liegt in Deutschland dann bei 14 %. Du versteuerst im Jahr 2024 also den 11.785sten Euro mit 14 %, das heißt, auf diesen einen Euro zahlst du 14 Cent Steuern. Auf den 16.000sten Euro zahlst du schon ein paar Cent mehr. Der 66.761ste Euro wird schon mit 42 % versteuert, das bedeutet, auf diesen Euro zahlst du 42 Cent Steuern, aber auf den 11.785sten Euro weiterhin nur 14 Cent. Zusammen ergibt das einen **persönlichen Durchschnittssteuersatz.**

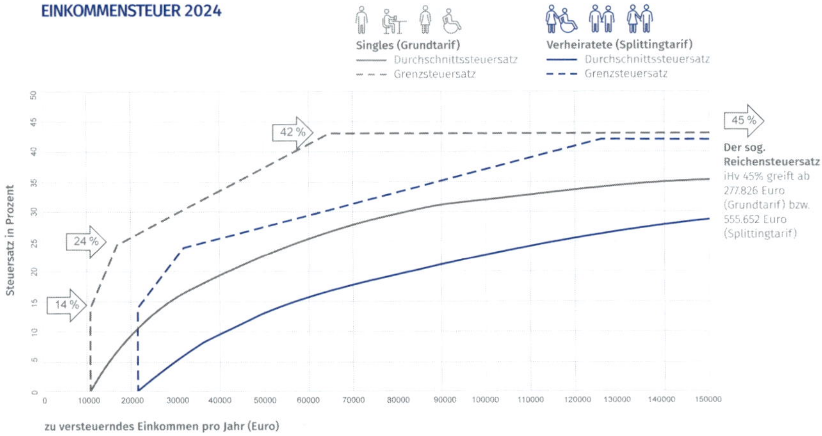

Durchschnittssteuersatz, Spitzensteuersatz und Grenzsteuersatz

Durchschnittssteuersatz: Das ist dein persönlicher Steuersatz. Er zeigt an, wie viel Prozent deines Jahreseinkommens du ans Finanzamt abtreten musst. Um ihn zu berechnen, nimmst du die von dir gezahlte Einkommensteuer mal hundert und teilst das Ergebnis durch dein zu versteuerndes Einkommen – oder du schaust einfach auf deinen ausgestellten Steuerbescheid vom Finanzamt.

Spitzensteuersatz: Besserverdiener zahlen derzeit 42 % für den Teil ihres Einkommens, der im Jahr 2024 über 66.760,– € liegt.

Grenzsteuersatz: Das ist dein individueller Spitzensteuersatz. Der Grenzsteuersatz gibt an, zu wie viel Prozent der **letzte Euro** deines zu versteuernden Einkommens belastet wird.

Was sind Tarifzonen?

Ein zu versteuerndes Einkommen von 0,– € bis 11.784,– € wird in der Tarifzone 1 **(Grundfreibetrag)** zu 0 % versteuert.

Ein zu versteuerndes Einkommen von 11.785,– € bis 17.005,– € wird in der Tarifzone 2 **(Einstiegssteuersatz)** zwischen 14 % und 24 % versteuert.

Ein zu versteuerndes Einkommen von 17.006,– € bis 66.760,– € wird in der **Tarifzone 3** zwischen 24 % auf bis zu 42 % versteuert.

Ab 66.761,– € zu versteuerndem Einkommen befindest du dich in Tarifzone 4. Hier gilt der **Spitzensteuersatz** von 42 %. Höher ist mit 45 % ab 277.826,– € nur noch die **Reichensteuer.**

TARIFZONEN 2024

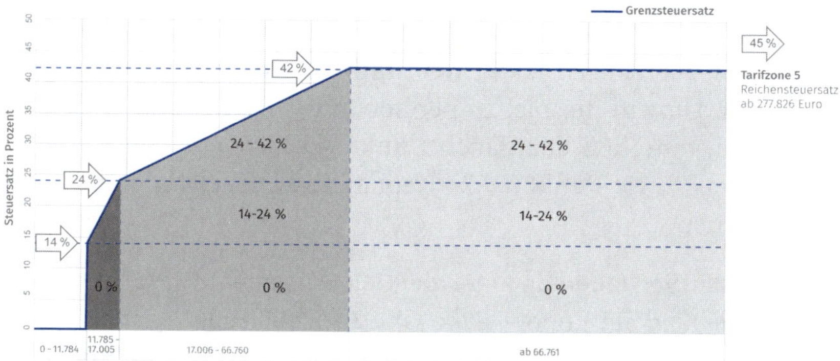

Tarifzonen und das jeweilige zu versteuernde Einkommen pro Jahr (Euro)

Vorschuss an die Betroffene

Bei angestellten Arbeitnehmern wird monatlich salopp gesagt ein geschätzter Wert aufgrund des jeweils ausgezahlten Entgeltes an das Finanzamt abgeführt, aber bei der Rente geschieht das nicht. Alle Renten werden grundsätzlich **ohne automatischen Steuerabzug** ausgezahlt, auch die Renten wegen Todes. Im Grunde genommen bekommen Betroffene eine Art »Vorschuss«, der erst nach dem Steuerjahr mit der Steuererklärung als Einmalsumme gezahlt werden muss. So gesehen ist die spätere Besteuerung etwas Gutes: Du kannst das Geld so lange für dich arbeiten lassen, bis das Finanzamt es über die Steuererklärung zurückhaben möchte.

Allerdings wird die grundsätzliche Besteuerung der Hinterbliebenenrenten von Betroffenen oft als äußerst ungerecht empfunden. Es entsteht das Gefühl, zusammen mit den Kürzungen über die Hinzuverdienstgrenze doppelt »abgestraft« zu werden.

7.3 Nichtveranlagungsbescheinigung (NV 1A)

In Ausnahmefällen kann nach Absprache mit dem Finanzamt von einer Steuererklärung abgesehen werden, wenn du langjährig den Grundfreibetrag mit deinen gesamten Einkünften nicht überschreitest. Dann bekommst du eine sogenannte **Nichtveranlagungsbescheinigung (NV 1A) vom zuständigen Finanzamt.** Was bei erwerbstätigen Empfängern von Hinterbliebenenrenten vermutlich eher selten der Fall ist, kann **bei Halbwaisen** durchaus eine gute Sache sein. Um ein Beispiel zu nennen, muss ich im Text etwas vorweggreifen, bitte ließ dazu auch Punkt 8.9.1 »Sparer-Pauschbetrag (Pauschale)« sowie Punkt 8.9.2 »Kapitalertragsteuer (oder auch Abgeltungsteuer)«.

» Der zu versteuernde Anteil der Halbwaisenrente liegt bei deinem Kind bei 3.000,– € pro Jahr. Zusätzlich dazu hast du für dein Kind Geld angelegt, welches Zinsen oder Erträge **über** dem Sparer-Pauschbetrag erwirtschaftet. Du hast zwar einen Freistellungsantrag für dieses Konto oder diese Konten für dein Kind erstellt, aber dennoch führt die Bank die sogenannte Abgeltungsteuer für die Erträge über dem Sparer-Pauschbetrag automatisch an das Finanzamt ab.

Wenn dein Kind in der Summe der Einkünfte aber **unter dem Grundfreibetrag** des Steuerjahres bleibt, kannst du diese Abgeltungsteuer entweder über eine **eigene Steuererklärung** für dein Kind **nachträglich** vom Finanzamt zurückholen oder – im Vorfeld – eine Nichtveranlagungsbescheinigung beantragen. Diese Nichtveranlagungsbescheinigung reichst du bei jeder Bank oder Bausparkasse ein, bei der dein Kind ein Konto hat. Du brauchst vom Finanzamt so viele Exemplare, wie dein Kind Konten hat, denn die

Nichtveranlagungsbescheinigung darf nicht kopiert werden. Die Bescheinigung wird in der Regel für drei Jahre zukünftig ausgestellt. Die Banken führen mit der Bescheinigung keine Abgeltungsteuer ab und du musst keine Steuererklärung für die entsprechenden Jahre einreichen.

! Wenn dein Kind als Einkommen mit all seinen Einkünften (Halbwaisenrente, Zinserträge, ...) unter dem Grundfreibetrag liegt, reiche einen Antrag auf eine **Nichtveranlagungsbescheinigung** beim zuständigen Finanzamt ein.

Den Link zur NV-Bescheinigung (1A) findest du hinter diesem QR-Code:

7.4 Nachgelagerte Besteuerung

Vor Jahren zog nach einem Scheidungsverfahren ein ehemaliger Staatsanwalt, der nach seiner Scheidung finanzielle Nachteile bei der Besteuerung seiner Pension erlebte und die Rechtmäßigkeit der unterschiedlichen steuerlichen Behandlung von Renten und Pensionen infrage stellte, bis vor das Bundesverfassungsgericht. Am 6.3.2002 erging das Urteil. Das Bundesverfassungsgericht schloss sich der Meinung des ehemaligen Staatsanwalts an und erklärte die Ungleichbehandlung als verfassungswidrig (BVerfGE 105, 73). Der Gesetzgeber hat daraufhin – vermutlich anders als erwartet – nicht die Beamtenpensionen ebenfalls steuerfrei gestellt, sondern umgekehrt die gesetzlichen Renten als zukünftig steuerpflichtig eingestuft (Alterseinkünftegesetz – AltEinkG – vom 5.7.2004, BGBl. I S. 1427).

2005 war dann der Startschuss für die sogenannte »nachgelagerte Besteuerung«. Der Übergang zur nachgelagerten Besteuerung erfolgt schrittweise. Das bedeutet: Alles das, was für die Altersvorsorge aufgewendet wird, wird zunehmend steuerfrei, dafür werden aber später unsere Renteneinkünfte besteuert. Das erfolgt Zug um Zug in einer langen Übergangszeit von inzwischen 53 Jahren (von 2005 bis 2058).

Im Wachstumschancengesetz wurde vorgeschlagen, die Übergangsphase bis 2058 zu verlängern, um eine doppelte Besteuerung zu vermeiden. Begründet wird der Vorschlag mit den Urteilen des Bundesfinanzhofs (BFH) vom 19.5.2021, in denen sich der BFH ausführlich mit dem Thema **Doppelbesteuerung** beschäftigt und erstmals die Berechnungsparameter für die Ermittlung einer doppelten Besteuerung von Renten aus der Basisversorgung definiert hat. Das Wachstumschancengesetz wurde am 22.3.2024 verabschiedet und bereits umgesetzt. Der Gesetzgeber ist verpflichtet, dafür Sorge zu tragen, dass es in keinem Fall zu einer doppelten Besteuerung kommt. Der langsamere Anstieg des Besteuerungsanteils (auf ein halbes Prozent ab 2023) soll dabei ein weiterer Schritt sein, um für zukünftige Rentenjahrgänge das Risiko einer doppelten Besteuerung zu minimieren.

Gesetzliche Renten wurden schon vor 2005 besteuert. Mit der sogenannten »vorgelagerten Besteuerung« wurde die Steuer von den Beiträgen erhoben beziehungsweise die Beiträge wurden aus versteuertem Einkommen geleistet. Liegt also umgekehrt in der Ansparphase Steuerfreiheit und in der Leistungsphase Steuerpflicht vor, spricht man von »nachgelagerter Besteuerung«. Für die geförderte Altersvorsorge werden die Beiträge zwar prinzipiell aus steuerpflichtigem Einkommen geleistet, aber im Endeffekt sind sie über den Sonderausgabenabzug dann wieder steuerfrei.

Zahlungen aus der privaten Altersvorsorge sowie Leistungen der betrieblichen Altersversorgung, für die steuerbefreite Beiträge gezahlt wurden, werden als sonstige Einkünfte (§ 22 Nr. 5 EStG) während der Auszahlungsphase in vollem Umfang – nachgelagert – besteuert.

Anders als bei Betriebsrenten aus Direktzusagen und Unterstützungskassen oder bei Versorgungsbezügen der Beamten kommt hier kein Versorgungsfreibetrag zur Anwendung. Bei umgewandelten Versicherungsverträgen gilt die volle Steuerpflicht anteilig nur für das Kapital, das nach der Umwandlung angesammelt wurde.

Warum solltest du den Begriff nachgelagerte Besteuerung kennen und verstehen? Nun, weil alle gesetzlichen Renten, so auch die Hinterbliebenenrenten, nachgelagert versteuert werden. Die nachgelagerte Besteuerung betrifft dich also in hohem Maße.

7.5 Wie hoch sind Renten wegen Todes zu versteuern?

Wie deine Renteneinkünfte steuerlich behandelt werden, richtet sich nach **dem Jahr deines Rentenbeginns.** Um zu wissen, wie sich dein persönlicher, in Euro festgeschriebener, Rentenfreibetrag ermittelt, hilft diese Tabelle:

Jahr des Renten-beginns	Steuerpflichtiger Rentenanteil	Prozentsatz zur Ermittlung des lebenslangen persönlichen Rentenfreibetrages
Bis 2005	50 %	50 %
2006	52 %	48 %
2007	54 %	46 %
2008	56 %	44 %
2009	58 %	42 %
2010	60 %	40 %
2011	62 %	38 %
2012	64 %	36 %
2013	66 %	34 %
2014	68 %	32 %
2015	70 %	30 %
2016	72 %	28 %
2017	74 %	26 %

Jahr des Rentenbeginns	Steuerpflichtiger Rentenanteil	Prozentsatz zur Ermittlung des lebenslangen persönlichen Rentenfreibetrages
2018	76 %	24 %
2019	78 %	22 %
2020	80 %	20 %
2021	81 %	19 %
2022	82 %	18 %
2023	82,5 %	17,5 %
2024	83 %	17 %
2025	83,5 %	16,5 %
2026	84 %	16 %
2027	84,5 %	15,5 %
2028	85 %	15 %
2029	85,5 %	14,5 %
2030	86 %	14 %
2031	86,5 %	13,5 %
2032	87 %	13 %
2033	87,5 %	12,5 %
2034	88 %	12 %
2035	88,5 %	11,5 %
2036	89 %	11 %
2037	89,5 %	10,5 %
2038	90 %	10 %
2039	90,5 %	9,5 %
2040	91 %	9 %
2041	91,5 %	8,5 %
2042	92 %	8 %
2043	92,5 %	7,5 %
2044	93 %	7 %
2045	93,5 %	6,5 %
2046	94 %	6 %
2047	94,5 %	5,5 %

Jahr des Renten-beginns	Steuerpflichtiger Rentenanteil	Prozentsatz zur Ermittlung des lebenslangen persönlichen Rentenfreibetrages
2048	95 %	5 %
2049	95,5 %	4,5 %
2050	96 %	4 %
2051	96,5 %	3,5 %
2052	97 %	3 %
2053	97,5 %	2,5 %
2054	98 %	2 %
2055	98,5 %	1,5 %
2056	99 %	1 %
2057	99,5 %	0,5 %
ab 2058	100 %	0 %

Dein persönlicher Rentenfreibetrag

Zunächst wird dein vorläufiger persönlicher Rentenfreibetrag ermittelt. Erst wenn du ein ganzes Kalenderjahr eine Rente bezogen hast, wird der Prozentsatz aus deinem Jahr des Renteneintritts hierauf angewendet.

» Manuelas Renteneintritt war am 1.1.2022. Der entsprechende Prozentsatz aus der Tabelle liegt bei 18 %. Manuelas Jahresbrutto-Rente im Jahr 2022 lag genau bei 12.000,– €. 12.000,– € × 18 % = 2.160,– €. Manuelas persönlicher Rentenfreibetrag ist also 2.160,– € – für immer. Im Jahr 2022 muss Manuela 9.840,– € in ihrer Steuererklärung als zu versteuerndes Einkommen angeben.

Dein persönlicher Rentenfreibetrag wird folglich in Euro in Stein gemeißelt und fortan in jeder Steuererklärung berücksichtigt. Aber keine Angst, den in der Steuererklärung anzugebenden Betrag musst du dir nicht selbst ausrechnen. Wie von einem Arbeitgeber auch, bekommen Rentenempfänger jährlich nach Abschluss des Steuerjahres eine Übersicht für die in der Steuererklärung anzugebenden Zahlen.

Diese »**Information über die Meldung an die Finanzverwaltung**« wird sehr zügig bereits Ende Januar/Anfang Februar von der Deutschen Rentenversicherung per Post verschickt. Die Daten werden in der Regel online mithilfe der Steuernummer an das jeweils zuständige Finanzamt weitergegeben, sodass auch jegliche Steuerprogramme diese Daten online abrufen können, wenn sie entsprechend eingestellt sind.

Rentenerhöhungen und die Steuer

Da der persönliche Rentenfreibetrag nicht dynamisch ist, kann es dir passieren, dass du zwar heute noch keine Steuern zahlst, aber künftig steuerpflichtig wirst, sofern der Grundfreibetrag nicht entsprechend erhöht wird, denn Rentenerhöhungen sind zu 100 % dem zu versteuernden Einkommen zuzurechnen.

» Manuelas Rente ist wie oben erklärt zu 82 % dem zu versteuernden Einkommen zuzurechnen, also mit 820,– € monatlich (oder 9.840,– € im Jahr). Ihr persönlicher Rentenfreibetrag liegt wie oben berechnet bei 2.160,– €.

Am 1.7.2024 gab es eine Rentenerhöhung von 4,57 %. Da sich Manuelas Rentenfreibetrag nicht erhöht, wird dieser erhöhte Anteil ihrer Rente zu 100 % dem zu versteuernden Einkommen zugerechnet. 1.000,– € × 4,57 % = 45,70 €. Das bedeutet, Manuela muss ab sofort 820,– € + 45,70 € = 865,70 € pro Monat (oder 10.388,40 € pro Jahr) in der Steuererklärung angeben.

7.6 1, 2 oder 3: Welche Lohnsteuerklasse ist am besten?

Wusstest du, dass die Wahl deiner Lohnsteuerklasse keine Auswirkungen auf deine eigentliche Steuerlast hat? Die Lohnsteuerklasse legt salopp gesagt lediglich eine geschätzte monatliche Vorauszahlung fest, die du aufgrund deines Einkommens aus nichtselbstständiger Arbeit über deine Lohnabrechnung an das Finanzamt zahlst.

Dieser Betrag ist nicht deine Steuerlast und darf auf keinen Fall damit verwechselt werden, denn **deine Steuerlast wird aufgrund deines Familienstandes und deines zu versteuernden Einkommens immer pro Jahr ermittelt.** Die bisher monatlich gezahlten Steuern werden dabei natürlich berücksichtigt und am Ende kommt entweder eine Nachzahlung oder eine Rückzahlung heraus. Bei Empfängern von Hinterbliebenenrenten fordert das Finanzamt in der Regel eine Nachzahlung, vor allem ab dem dritten Jahr nach dem Tod (also nach Ablauf des Gnadenjahres). Da Renten wie erwähnt immer brutto ausgezahlt werden, hast du auf diesen Teil deines Einkommens übers Jahr hinweg – anders als bei Einkommen aus nichtselbstständiger Arbeit – noch keine Steuer abgeführt und musst diese nach Ermittlung deiner persönlichen Steuerlast mithilfe der Steuererklärung in einem Betrag aufbringen. Diese Nachzahlungen fühlen sich oft ungerecht an, sind aber nur eine Folge der nachgelagerten Besteuerung.

Aus Sicht der Steuerlast ist es jedenfalls völlig egal, welche Steuerklasse du übers Jahr hinweg hast: **die Wahl der Steuerklasse ändert an deiner Steuerlast genau 0,– €.** Aus privater und organisatorischer Sicht ist die Wahl der Steuerklasse jedoch nicht ganz unerheblich.

Lohnsteuerklasse 3 während des Witwensplittings

Im Jahr des Todes und im darauffolgenden Jahr wird Hinterbliebenen das Witwensplitting gewährt. Was das genau ist, erfährst du unter dem Punkt 7.7 »Das Witwensplitting«.

In diesen beiden Jahren kannst du automatisch oder auf Antrag in die Lohnsteuerklasse 3 gehen oder bleiben (oder 4 mit Faktor). Du wirst wie ein Ehepaar behandelt und bekommst den Grundfreibetrag deines verstorbenen Ehegatten angerechnet. Das bedeutet, deine monatlichen Lohnsteuerzahlungen über eine nichtselbstständige Arbeit sind sehr niedrig, weil sich dein Freibetrag auf 23.568,– € verdoppelt hat. Erst ab 23.569,– € zu versteuerndem Einkommen zahlst du Steuern. Was das mit den beiden Steuertabellen zu tun hat, findest du in dem entsprechenden Kapitel (siehe Punkt 7.7.6 »Splittingtabelle und Grundtabelle«).

Die Wahl der Lohnsteuerklasse 3 (oder 4 mit Faktor) und in den darauffolgenden Jahren der Lohnsteuerklasse 2, wenn du Kinder hast, ist in den allermeisten Fällen zu bevorzugen. Warum? Dazu gibt es mehrere Gründe:

- Eine Auszahlung von mehr Netto-Entgelt ist immer gut. Du hast mehr Geld zur Verfügung, du kannst mehr Geld ausgeben oder auch mehr Geld sparen und gewinnbringend anlegen. Auch für eventuell anstehende Finanzierungen ist mehr Netto-Entgelt vorteilhaft. Du solltest allerdings immer fähig sein, eine eventuelle Steuernachzahlung prompt zu begleichen.
- Kurzfristiges Erwerbsersatzeinkommen wie Krankengeld, Verletztengeld, Arbeitslosengeld oder Mutterschaftsgeld werden aus den vergangenen Netto-Einkünften berechnet. Ist das Netto durch die Lohnsteuerklasse höher, fällt auch das Krankengeld oder das Arbeitslosengeld höher aus.
- Dasselbe gilt natürlich auch für Kinderkrankentage beziehungsweise das Kinderkrankengeld.

Die Auswirkungen von Lohnsteuerklasse 1

Nimmst du in einer nichtselbstständigen Beschäftigung die Lohnsteuerklasse 1, hat das folgende Effekte:

- Du zahlst jeden Monat einen **höheren Anteil Lohnsteuer** über deinen Arbeitgeber.
- Die Steuerlast im Steuerjahr bleibt genauso hoch wie bei jeder anderen Steuerklasse.
- Nach Abgabe der Steuererklärung werden deine bisherigen (höheren) Zahlungen an das Finanzamt mit deiner berechneten Steuerlast gegengerechnet.

- Weil Renten immer brutto ausgezahlt werden, hast du vor allem ab dem zweiten Jahr nach dem Tod mit einer **Nachzahlung an Steuern** zu rechnen. Deine Nachzahlung an das Finanzamt ist voraussichtlich aufgrund der monatlich höheren Vorauszahlungen durch die Lohnsteuerklasse 1 **geringer.**
- Deine **Erwerbsersatzleistungen** wie Kinderkrankentage oder Arbeitslosengeld, Mutterschaftsgeld und so weiter **fallen geringer aus,** weil sie vom monatlichen Netto berechnet werden.

Die Auswirkungen von Lohnsteuerklasse 2 und 3

Nimmst du in nichtselbstständiger Beschäftigung die Lohnsteuerklasse 2 bzw. 3, hat das folgende Effekte:

- Du zahlst jeden Monat einen **niedrigeren Anteil Lohnsteuer** über deinen Arbeitgeber.
- Du hast also über das Jahr gerechnet jeden Monat mehr Cash (und kannst das Geld währenddessen gewinnbringend anlegen).
- Die Steuerlast im Steuerjahr bleibt genauso hoch wie bei jeder anderen Steuerklasse.
- Nach Abgabe der Steuererklärung werden deine bisherigen (niedrigeren) Zahlungen an das Finanzamt mit deiner berechneten Steuerlast gegengerechnet.
- Weil Renten immer brutto ausgezahlt werden, hast du vor allem ab dem zweiten Jahr nach dem Tod mit einer **Nachzahlung an Steuern** zu rechnen. Deine Nachzahlung an das Finanzamt ist voraussichtlich durch die monatlichen Vorauszahlungen durch die Lohnsteuerklasse 2 bzw. 3 **höher** als bei Lohnsteuerklasse 1.
- Deine **Erwerbsersatzleistungen** wie Kinderkrankentage oder Arbeitslosengeld, Mutterschaftsgeld und so weiter **fallen höher** aus, weil sie vom monatlichen Netto berechnet werden.

! Ließ deinen Steuerbescheid immer komplett Seite für Seite durch. Oft verstecken sich im Kleingedruckten wichtige Informationen. Lege monatlich einen Betrag zur Seite, damit dich eine mögliche Steuernachzahlung nicht aus der Bahn wirft.

7.7 Das Witwensplitting

Witwensplitting, Rentensplitting unter Ehegatten, Ehegattensplitting – was ist was? Bei den vielen neuen Begrifflichkeiten, mit denen du dich plötzlich auseinandersetzen musst, blickt ja keiner mehr durch. Eigentlich ein Unding, dass wir nicht mindestens ein paar dieser Grundbegriffe in der Schule lernen.

Das Rentensplitting unter Ehegatten ist wie oben bereits erklärt ein Rententhema, sozusagen die rententechnische Scheidung, ähnlich dem Versorgungsausgleich bei einer tatsächlichen Scheidung. Hier werden die während der Ehe gesammelten Entgeltpunkte zwischen den Ehepartnern so ausgeglichen, dass beide Eheleute mit derselben Punktzahl aus der Ehe herausgehen.

Das Witwensplitting ist allerdings ein steuerliches Thema, ähnlich dem Ehegattensplitting. Du hast das Ehegattensplitting noch nie verstanden – und möglicherweise interessiert es dich auch nicht? Lass mich versuchen, es dir zu erläutern – es erklärt auf jeden Fall, warum deine Steuernachzahlung im Jahr des Todes und im darauffolgenden Jahr noch nicht so hoch ist und dann ab dem dritten Jahr plötzlich – und meist unerwartet – quasi explodiert. Darauf solltest du vorbereitet sein.

7.7.1 Das Witwensplitting ist ein steuerliches Thema

Das Witwensplitting ist etwas völlig anderes als das Rentensplitting unter Ehegatten, auch wenn die beiden Worte ähnlich klingen. Das Witwensplitting ist ein steuerliches Instrument, welches vom Prinzip her dasselbe ist wie das Ehegattensplitting, nur eben mit verstorbenem Ehepartner. Das Witwensplitting soll die Folgen des Todes des Ehepartners abmildern und funktioniert genau gleich wie das Ehegattensplitting. Das Witwensplitting wird im Jahr des Todes und im darauffolgenden Jahr gewährt (Gnadenjahre), um die Folgen des Todes für Betroffene abzumildern.

7.7.2 Das Ehegattensplitting ist doch die Lohnsteuerklasse 3, oder?

Weder das Ehegattensplitting noch das Witwensplitting »ist« die Lohnsteuerklasse 3 (oder 4 mit Faktor), auch wenn das oft behauptet wird und als Gerücht so weit verbreitet ist wie früher die Pest.

Fakt ist: Als Ehepaar kann ein Ehepartner die Lohnsteuerklasse 3 nutzen, während der andere Ehepartner die Lohnsteuerklasse 5 nutzt, aber wie oben schon erwähnt, ändert das an der gemeinsamen Steuerlast des Paares null Komma null. Die **Lohnsteuerklasse 3 hat den doppelten Grundfreibetrag,** während die **Lohnsteuerklasse 5 ab dem ersten Euro versteuert wird,** daher ist der monatliche Abzug auf der Lohnabrechnung bei der Lohnsteuerklasse 5 auch so hoch (und Arbeiten scheint sich für meist teilzeitbeschäftigte Mütter kaum zu lohnen). Beim Ehegattensplitting werden die Partner gemeinsam veranlagt und haben am Ende des Jahres immer eine gemeinsame Steuerlast, egal wer welche Lohnsteuerklasse übers Jahr hinweg genutzt hatte.

Ein Ehepaar wird in der sogenannten **Splittingtabelle** versteuert.

Als Witwe oder als Witwer kannst du im Jahr des Todes und im darauffolgenden Jahr die Lohnsteuerklasse 3 **mit dem doppelten Freibetrag** nutzen. Danach stehen dir nur noch die Steuerklasse 1 als ledige Person oder die Steuerklasse 2 als Alleinerziehende oder Alleinerziehender zur Verfügung. Ein Rechenbeispiel findest du unter Punkt 7.7.4 »Der Effekt des Witwensplittings«.

Während dieser beiden Jahre werden Hinterbliebene wie Ehepaare in der **Splittingtabelle** versteuert, in allen darauffolgenden Jahren in der **Grundtabelle.** Die beiden Tabellen sind der eigentliche Unterschied für Hinterbliebene, denn in der Splittingtabelle wird dasselbe Einkommen deutlich geringer versteuert als in der Grundtabelle. Das wissen aber die wenigsten.

7.7.3 Deine Steuerlast

Deine Steuerlast wird aufgrund deines zu versteuernden Einkommens errechnet. Auf Einkommen aus nichtselbstständiger Arbeit hast du im Laufe des Jahres über deinen Arbeitgeber bereits Lohnsteuer gezahlt, in einer »geschätzten« Höhe aufgrund deines Entgeltes und deiner Lohnsteuerklasse. Bekommst du eine Rente wegen Todes, wird dir diese Rente brutto ausgezahlt. Das bedeutet, dass du auf die Rente über das Jahr hinweg noch keine Steuern gezahlt hast – das kommt dann erst mit der Steuererklärung im Jahr darauf.

Das zu versteuernde Einkommen ist also beispielsweise dein Bruttoeinkommen abzüglich allem, was du absetzen kannst, **plus** dem zu versteuernden Anteil der Hinterbliebenenrente und anderen Einkünften wie Kapitalerträgen oder Einkünften aus Vermietung und Verpachtung. Wenn du viele Dinge von den Steuern absetzen kannst, kannst du dein zu versteuerndes Einkommen teils erheblich senken und damit bares Geld bei den Steuern sparen – du solltest also immer schön deine Belege aufbewahren und dich informieren, in welchem Bereich du was absetzen kannst. Weil diese Systematik so wichtig ist, hier nochmals:

Von den Steuern »absetzen« heißt bares Geld zu sparen!

Das zu versteuernde Einkommen wird dir bei der Erstellung deiner Steuererklärung angezeigt oder von deiner Steuerberaterin oder deinem Steuerberater ausgerechnet. Wenn du Hilfe brauchst, kannst du dich auch an deinen Lohnsteuerverein vor Ort wenden, es gibt aber auch tolle Steuerprogramme, die dich zu Hause durch das ganze Thema leiten.

7.7.4 Der Effekt des Witwensplittings

Welchen Effekt hat das Witwensplitting denn jetzt? Warum ist das so gut?

Als Ehepaar habt ihr ein gemeinsames zu versteuerndes Einkommen auf der Steuererklärung. Beim Ehegattensplitting gibt es zwei entscheidende steuerliche Vorteile:

1. Die Summe der beiden zu versteuernden Einkommen wird durch zwei Partner geteilt und erst dann versteuert. Dadurch kann sich der **Prozentsatz** eurer Steuern deutlich verringern.
2. Die Summe des daraus entstehenden zu versteuernden Einkommens wird in der Splittingtabelle versteuert, nicht in der Grundtabelle.

Du hast das schon tausendmal gehört und immer noch nicht verstanden, warum das steuerlich besser ist?

» Paul hat ein zu versteuerndes Einkommen von 80.000,– €, Marta von nur 10.000,– €. Die beiden sind nicht verheiratet und werden daher steuerlich einzeln betrachtet. Bei 80.000,– € zu versteuerndem Einkommen zahlt Paul den Höchststeuersatz, also 42 %, und damit grob gesagt 33.600,– € Steuern pro Jahr (80.000,– € × 42 %) oder laut der ***Grundtabelle Einkommenssteuer 2024*** ganz genau 22.997,– € (wir erinnern uns: Auch Paul zahlt auf den von 11.785ten Euro nur 14 Cent Steuern, aber auf den 80.000sten Euro 42 %).

Paul liegt damit bei einem Durchschnittssteuersatz von 29 % und einem Höchststeuersatz von 42 %.

Marta liegt unter dem steuerlichen Freibetrag und zahlt demnach gar keine Steuern.

Nun heiraten die beiden und werden fortan gemeinsam veranlagt. Das Ehegattensplitting bewirkt, dass Martas und Pauls zu versteuernde Einkommen zusammengezählt werden (80.000,– € + 10.000,– € = 90.000,– €) und dann durch zwei Personen geteilt werden (je 45.000,– €).

Bei einem zu versteuernden Einkommen von jeweils 45.000,– € in der Grundtabelle oder gemeinsam von 90.000,– € in der Splittingtabelle kommen wir auf eine Steuerlast von 2 × 9.155,– € auf je 45.000,– € = 18.310,– € gemeinsam (Grundtabelle) beziehungsweise ebenfalls 18.310,– € für 90.000,– € in der Splittingtabelle. Das ist ein Durchschnittssteuersatz von nur noch 20 % und ein Grenzsteuersatz von 34 %.

22.997,– € Steuern unverheiratet, 18.310,– € verheiratet. Das macht eine Differenz von 4.687,– € pro Jahr, oder fast 391,– € pro Monat nur durch die Heiratsurkunde.

Alle Zahlen ohne Kirchensteuer und ohne Solidaritätszuschlag.

Der Steuerspareffekt von Marta und Paul als Tabelle:

	Einzelveranlagung	**Verheiratet**
zu zahlende Steuern Marta und Paul	22.997,– €	18.310,– €
Spareffekt durch das Ehegattensplitting	**4.687,– €**	

Das Ehegattensplitting wirkt besonders gut, wenn einer der beiden Partner nichts oder wenig verdient, wie Marta in unserem Beispiel. Oder eben wenn der Partner verstorben ist, denn dieser hat – mindestens im zweiten Jahr nach dem Tod – ziemlich sicher kein Einkommen mehr.

7.7.5 Lohnsteuerklasse vs. Steuerlast

Um nochmals auf die Lohnsteuerklasse zurückzukommen: Wie du an diesen Rechnungen sehen kannt, ist die Wahl der Lohnsteuerklasse für die Steuerlast überhaupt nicht relevant. Die Lohnsteuerklasse ist allerdings sehr relevant für das verfügbare Netto-Haushaltseinkommen: Je weniger Steuern du unterm Jahr gezahlt hast, zum Beispiel durch Lohnsteuerklasse 3, desto mehr Netto-Entgelt hast du zur Verfügung. Je weniger Steuern du unterm Jahr gezahlt hast, desto weniger hast du allerdings auch unterm Jahr für deine Steuerlast »in Raten« abbezahlt. Das Finanzamt verrechnet jährlich die bereits geleisteten Zahlungen mit der eigentlichen Steuerlast in der Steuererklärung und fordert die Steuerzahlenden dann entweder zu einer Nachzahlung auf oder du bekommst eine Rückzahlung.

7.7.6 Splittingtabelle und Grundtabelle

Die jeweiligen Grund- und Splittingtabellen für das entsprechende Steuerjahr gibt es im Internet zuhauf. Empfehlenswert sind aber die Tabellen von steuertipps.de (https://www.steuertipps.de/beruf-ausbildung/lohnsteuertabelle). Für eine Idee, mit welcher Steuernachzahlung oder Steuerrückzahlung du rechnen kannst, lohnt sich ein Blick in die Tabellen, ansonsten ist erfahrungsgemäß jedes Jahr und jeder Fall sehr individuell. Bitte schau dir auch – falls noch nicht geschehen – das Beispiel von Marta und Paul weiter oben an. Außerdem geht die Geschichte von Marta und Paul im nächsten Punkt weiter.

7.7.7 Ab dem zweiten Jahr nach dem Tod des Partners

Die Protagonisten des vorherigen Beispiels, Marta und Paul, haben nun geheiratet, und Paul stirbt am 31. Dezember 2023. Steuerlich gesehen hat Paul das gesamte Jahr über gearbeitet und sein volles Gehalt erwirtschaftet. Daher werden Marta und Paul für das komplette Jahr 2023 gemeinsam veranlagt – jedoch nicht mehr im Rahmen des Ehegattensplittings, sondern nach dem Witwensplitting. Zahlenmäßig macht das allerdings keinen Unterschied:

Jahr 2023 – mit Witwensplitting	**Verheiratet**
zu zahlende Steuern Marta und Paul	18.310,– €

Marta erhöht ihre Stunden ab Januar 2024 und bekommt zusätzlich eine Hinterbliebenenrente über Pauls Rentenversicherung brutto ausgezahlt. Ihre gesamten Einkünfte liegen im Jahr 2024 bei 30.000,– € zu versteuerndem Einkommen. Für Marta gilt auch für das Jahr 2024 das Witwensplitting, das bedeutet, die 30.000,– € werden in der Splittingtabelle versteuert, nachdem die Summe der gemeinsamen Einkünfte (hier nur die 30.000,– € von Marta, da Paul bereits verstorben ist) durch zwei Personen geteilt werden (15.000,– € pro Person). In der Grundtabelle hat Marta mit 15.000,– € zu versteuernden Einkommen eine Steuerlast von 2 × 581,– € = 1.162,– € oder in der Spittingtabelle bei 30.000,– € zu versteuerndem Einkommen eine Steuerlast von ebenfalls 1.162,– €.

Jahr 2024 – Marta im Witwensplitting	
Zu versteuerndes Einkommen Marta	30.000,– €
Grundfreibetrag verheiratete Personen	23.568,–€
Auf diesen Teil des Einkommens müssen Steuern gezahlt werden	6.432,–€
Zu zahlende Steuern im Witwensplitting	**1.162,– €**

Der Schock kommt für Marta erst im Steuerjahr 2025, wenn sie steuerlich alleine veranlagt wird und dasselbe zu versteuernde Einkommen von 30.000,– € nach der Grundtabelle 2025 versteuert wird. Dann liegt die Steuerlast nach heutigem Stand (Grundtabelle 2024) bei 4.446,– €:

Jahr 2025 – Marta in der Grundtabelle	
Zu versteuerndes Einkommen Marta	30.000,– €
Grundfreibetrag[1)] (hier noch aus 2024)	11.784,– €
Auf diesen Teil des Einkommens muss Steuern gezahlt werden	**18.216,– €**
Zu zahlende Steuern lt. Grundtabelle[1)]	**4.446,– €**

1) Werte aus Grundtabelle 2024 (Quelle: www.steuertipps.de/finanzamt-formalitaeten/aktuelle-einkommensteuertabellen-grundtarif-und-splittingtarif)

Allerdings hat Marta ab dem Jahr 2025 durch die Lohnsteuerklasse 1 (oder 2, wenn sie Kinder hat) bereits einiges an Lohnsteuer an das Finanzamt monatlich vorausbezahlt, was natürlich bei der Steuererklärung berücksichtigt und automatisch verrechnet wird. Durch die monatlichen Vorauszahlungen über Martas Lohnabrechnung wird sie einen Teil der oben genannten Steuernachzahlung bereits beglichen haben, dennoch kommt ein großer Betrag zur Nachzahlung auf Marta zu.

Viele Betroffene wissen nicht um dieses System des Witwensplittings oder die beiden Steuertabellen und fallen regelrecht aus allen Wolken, wenn sie im dritten Jahr nach dem Tod mit einer solch hohen Steuernachzahlung konfrontiert werden. Deswegen solltest du unbedingt daran denken, genügend **Rücklagen für eine eventuelle Steuernachzahlung** zu bilden. Es hilft auf alle Fälle immer, sämtliche Belege aufzubewahren und so viel wie möglich von der Steuer abzusetzen, dann ist auch die Nachzahlung in der Regel erträglich.

Die Hinzuverdienstgrenze bleibt von all diesen steuerlichen Aspekten unberührt.

7.8 Wie viel Steuern muss ich zurücklegen?

Diese Frage kann natürlich niemand beantworten, weil die Steuer eine sehr individuelle Angelegenheit ist und sich jährlich ändert. Die Steuerfreibeträge werden fast jährlich angepasst, manchmal werden auch die Steuern grundsätzlich erhöht, und kaum ein Mensch bekommt in zwei aufeinanderfolgenden Jahren genau dasselbe Gehalt und kann exakt gleich viele Rechnungen oder Beiträge von der Steuer absetzen. Die erwähnten Rentenerhöhungen gehören zu 100 % zum zu versteuernden Einkommen und verändern die Zahlen ebenfalls.

Bei Witwen und Witwer mit einem zusätzlichen Einkommen aus nichtselbständiger Arbeit ohne weitere Einkünfte hat sich aber eine ungefähre Faustregel **von zwei bis drei vollen Hinterbliebenenrenten als Rücklage für die jährliche Steuernachzahlung** bewährt.

8 Tipps & Tricks zur Minderung der Anrechnung

Dieser Punkt musste wegen Verständnisfragen unter den Punkt 7 »Steuern« rutschen, weil die steuerliche Betrachtungsweise von Einkommen oder das, was auf der Steuererklärung steht nur selten das ist, was du an Geld auf der Hand hast. Das Verständnis von der Versteuerung der Rente auf der einen Seite und die Anrechnung von verschiedenen Einkommensarten aufgrund der Zahlen auf der Steuererklärung andererseits machten diesen Schritt nötig, auch wenn zuerst vorgesehen war, diesen Punkt direkt unter den Punkt 6 »Einkommensgrenze, Freibetrag, Hinzuverdienstgrenze« zu setzen.

Um die Hoffnungen auf dieses Kapitels gleich »im Zaum zu halten«, Folgendes vorweg: Wird der Freibetrag der Hinterbliebenenrente durch eigenes Einkommen einst überschritten, gibt es nicht viele (legale) Möglichkeiten, den Kürzungen zu entkommen. Vor allem nach neuem Recht ist so gut wie jedes legal erzielte Einkommen anrechnungsfähig und kürzt die Hinterbliebenenrente noch mehr. Wie kannst du dein Einkommen so anpassen, dass du heute genug zum Leben hast – ohne die Kürzung nur in die Altersrente zu verlagern?

8.1 Einfach genial: Der Lifehack bei der Einkommensanrechnung

Es ist eigentlich unfassbar und ich kann es selbst kaum glauben, aber es gibt einen völlig legalen Weg, die Kürzungen der Hinterbliebenenrenten wirksam zu minimieren. Im Kern geht es um die 10-Prozent-Marke (siehe Punkt 6.13 »Die 10-Prozent-Marke«).

Das 8. SGB IV-Änderungsgesetz, das am 1.1.2023 in Kraft trat, bringt für Hinterbliebene wichtige Änderungen hinsichtlich der Einkommensanrechnung bei Renten wegen Todes mit sich. Bis Ende 2022 war bei der Prüfung einer Einkommensminderung um mindestens 10 % eine **vorausschauende Beurteilung** erforderlich, das bedeutet, das geminderte Entgelt **musste um mindestens drei Monate**

wenigstens 10 % gemindert sein, damit es berücksichtigt werden konnte. Diese Regelung galt insbesondere für Arbeitsentgelt und andere Einkommensarten.

Mit dem Inkrafttreten des 8. SGB IV-Änderungsgesetzes zum 1. Januar 2023 wurde die vorausschauende Beurteilung bei der Berücksichtigung von Einkommensminderungen um mehr als 10 % jedoch abgeschafft. Es wird ausschließlich auf das tatsächlich erzielte Einkommen **im jeweiligen Kalendermonat** abgestellt. Eine vorausschauende Beurteilung ist selbst dann nicht vorzunehmen, wenn die rentenberechtigte Person angibt, dass das laufende Arbeitsentgelt nur in einem Kalendermonat um wenigstens 10% geringer sein wird, als das bisher (zuletzt) berücksichtigte Einkommen. Beim Arbeitsentgelt muss das Einkommen allein in dem nach § 18 Abs. 3 SGB IV zu berücksichtigenden Kalendermonat um wenigstens 10% geringer sein als das bisher (zuletzt) berücksichtigte Einkommen. Dies ist erfüllt, sobald das Arbeitsentgelt im jeweiligen laufenden Monat um mindestens 10% geringer ist als das bisher berücksichtigte Einkommen (Quelle 16).

Was heißt das nun ganz konkret?

Konkret heißt das, dass du eine Einkommensminderung um mehr als 10 % sofort der DRV melden solltest und eine Neuberechnung anfordern kannst. Konkret heißt das aber auch, dass du eine solche Einkommensminderung **gezielt herbeisteuern** kannst, z. B. durch eine Vertragsänderung für mindestens einen Monat oder einen einfacheren Weg wie z. B. unbezahlten Urlaub in einem Monat.

Wäge aber die Vor- und Nachteile gut ab, denn einen Anspruch auf unbezahlten Urlaub oder eine kurzfristige Vertragsänderung hast du nicht und solche Vertragsänderungen können gegebenenfalls auch eine Chance für den Arbeitgeber darstellen, dir einen gänzlich neuen und ungünstigeren Vertrag anzubieten. Hier ist es wichtig, dass du deinem Arbeitgeber vertrauen kannst. Wenn du eine solche Situation aber herbeigeführt hast, reiche die Einkommensänderung mit der Bitte um sofortige Neuberechnung zeitnah ein. Danach erhöhst du deine Arbeitsstunden wieder auf ein beliebiges Niveau. Der Clou dabei: Eine Erhöhung deines Einkommens im laufenden Rentenjahr interessiert die DRV nicht, siehe »6.13 Die 10-Prozent-Marke«.

So profitieren sowohl du bis zum nächsten Anrechnungs-Stichtag im **darauffolgenden Juli** von der geminderten Einkommensanrechnung als auch dein Arbeitgeber von deiner Mehrarbeit, die du andernfalls wohl eher nicht leisten würdest. Auf diese Weise kann dieses System für alle zu einer Win-Win-Situation werden, was ganz nebenbei auch zur Linderung des Fachkräftemangels beitragen kann.

8.2 Betriebliche Altersversorgung (bAV), Jobrad, Dienstwagen

Bezogen auf die Einkommensanrechnung bei Einkommen aus nichtselbständiger Arbeit, ist für die DRV das sozialversicherungspflichtige Bruttoeinkommen ausschlaggebend. Alles, was das eigentliche Bruttoeinkommen im Vergleich zum sozialversicherungspflichtigen Brutto senkt, führt zu einer geminderten Kürzung. Das kann zum Beispiel eine betriebliche Altersversorgung (bAV) sein. Auch ein Jobrad oder ein Dienstwagen können das sozialversicherungspflichtige Brutto mindern und somit auf dieselbe Weise wie die betriebliche Altersversorgung dazu beitragen, dass eine Kürzung der Hinterbliebenenrente weniger hoch ausfällt.

Hinweis: Bei all diesen Möglichkeiten ist jedoch stets zu bedenken, dass eine Senkung des sozialversicherungspflichtigen Bruttoeinkommens während der Erwerbsphase auch immer dazu führt, dass weniger Beiträge in die Rentenversicherung fließen und die eigenen Rentenansprüche für die Altersrente beschneiden.

Kurze Einführung in die bAV

Wenn du zu den drei Säulen der Altersvorsorge zurückblätterst (Punkt 2.1 Die drei Säulen der Altersvorsorge in Deutschland): wir befinden uns nun in der mittleren Säule, der betrieblichen Altersvorsorge. Nicht jeder Arbeitgeber muss von sich aus aktiv eine betriebliche Altersvorsorge (bAV) anbieten, aber seit dem 1. Januar 2002 besteht in Deutschland nach § 1a BetrAVG ein Rechtsanspruch auf Entgeltumwandlung und die Pflicht zur Umsetzung bei Wunsch der Arbeitnehmer. Das bedeutet:

- Arbeitnehmer haben das Recht, einen Teil ihres Gehalts (bis zu 4 % der Beitragsbemessungsgrenze in der gesetzlichen Rentenversicherung) in eine betriebliche Altersvorsorge einzuzahlen.
- Arbeitgeber sind verpflichtet, eine bAV-Möglichkeit bereitzustellen, wenn ein Arbeitnehmer dies verlangt.
- Wenn der Arbeitgeber durch die Entgeltumwandlung Sozialversicherungsbeiträge spart, muss er 15 % des umgewandelten Entgelts zusätzlich als Zuschuss zur bAV zahlen – sofern die bAV über eine Direktversicherung, Pensionskasse oder einen Pensionsfonds läuft.

Einzahlungsphase einer bAV im Hinblick auf die Anrechnung

Bei der betrieblichen Altersvorsorge schließt der Arbeitgeber einen privaten Rentenvertrag für seinen Arbeitnehmer als versicherte Person ab. Hierbei werden vom Arbeitgeber aus dem Bruttoentgelt die Beiträge sozialversicherungsfrei in den Versicherungsvertrag abgeführt. Diese Beiträge senken das sozialversicherungspflichtige Brutto und gleichzeitig sorgt der Arbeitnehmer in einer weiteren Ergänzungsfunktion für seine private Altersvorsorge vor.

Im Jahr 2024 konnten bis zu 3.624,– € im Jahr (302,– € im Monat) auf diese Weise in einer betrieblichen Altersvorsorge angespart werden, im Jahr 2025 stieg der Betrag auf 3.864,– € im Jahr (322,– € im Monat).

» Dörthe ist eine alleinstehende Hinterbliebene. Ihr anrechnungsfähiges Einkommen liegt bei 2.000,– € im Monat, also 24.000,– € im Jahr. Aufgrund dieser Einkommenshöhe wird ihre Hinterbliebenenrente um 161,95 € gekürzt. Nun zahlt sie ein ganzes Jahr lang in die betriebliche Altersvorsorge den Höchstbetrag ein, womit sich ihr sozialversicherungspflichtiges Bruttoeinkommen jährlich um 3.624,– € mindert. Ihr sozialversicherungspflichtiges Bruttoeinkommen sinkt von 2.000,– € auf 1.698,– € im Monat. Ihr fiktives Nettoeinkommen liegt mit bAV bei 1.018,80 € (1.698,– € abzüglich 40 % Pauschale) und damit unter dem Freibetrag von 1.038,05 €.

Das bedeutet, durch die betriebliche Altersvorsorge spart Dörthe für ihre eigene private Altersvorsorge und entgeht gleichzeitig den Kürzungen ihrer Hinterbliebenenrente.

Zu beachten ist bei dieser »Lösung«, dass die Auszahlung der betrieblichen Altersvorsorge erst mit Eintritt des Rentenalters möglich ist. Verträge dieser Art können außerdem nicht gekündigt, sondern nur stillgelegt werden, wenn der Arbeitnehmer keine Einzahlungen mehr vornehmen möchte oder gar den Arbeitgeber wechselt. Nicht immer ist eine Übernahme durch einen neuen Arbeitgeber möglich oder vom neuen Arbeitgeber gewünscht.

Auszahlungsphase einer bAV im Hinblick auf die Anrechnung

Wichtig: Außerdem sind die während der Einzahlzeit gesparten Steuern und Sozialversicherungsbeiträge der betrieblichen Altersvorsorge während der Auszahlungsphase fällig, und zwar unabhängig davon, ob der Betrag als monatliche Rente oder als Einmalbetrag ausgezahlt wird. Das bedeutet für die Anrechnung, dass die Auszahlungen auch bei den Hinterbliebenenrenten angerechnet werden (nur nach neuem Recht und mit Ausnahme von Riester-Renten).

Möglicherweise empfiehlt sich hier eine Einmalauszahlung eher als eine monatliche Rente, denn dann wird dieser große Betrag nur in **einem Rentenjahr zur Anrechnung** kommen statt bis zum Lebensende. Der Betrag kann nach der Auszahlung gewinnbringend angelegt werden (Achtung: Zinsen werden nach neuem Recht auch angerechnet) oder einfach für die Lebensfreude ausgegeben werden. Bei einer Einmalauszahlung werden die Sozialversicherungsbeiträge so berechnet und abgezogen, als wenn die Rente zehn Jahre lang gezahlt würde, auch hier gibt es kleinere Freibeträge. Bei einer monatlichen Auszahlung werden die Sozialversicherungsbeiträge folglich monatlich bis zum Ende der Versicherung (also meistens dein Lebensende) abgezogen.

8.3 Das Sterbegeld in privaten Rentenversicherungen

Achtung bei der Besparung von privaten Rentenversicherungen!

Ein großes Problem besteht bei der Auszahlung von privaten Rentenversicherungen für den Fall, dass du dummerweise selbst stirbst, bevor du das Renteneintrittsalter erreicht hast und du zu diesem Zeitpunkt keinen Ehepartner und keine versorgungsberechtigten Kinder (mehr) hast.

Versorgungsberechtigte Kinder sind Kinder, die im Kindergeldbezug sind, was in den meisten Fällen kurz vor dem Renteneintrittsalter nicht mehr so ist. Dann kommt das sogenannte Sterbegeld zum Tragen. Was ist das Sterbegeld?

Vor dem 1.1.2004 gab es ein Sterbegeld sogar aus der gesetzlichen Krankenversicherung, aber das wurde vom Gesetzgeber damals ersatzlos gestrichen. An seiner Stelle werden heute extra private Sterbegeldversicherungen angeboten, allerdings kannst du dir eine solche Versicherung sparen, wenn du eine private Altersvorsorge hast, denn hier ist das Sterbegeld meistens »inklusive«. Das klingt erst einmal gut, kann aber für Alleinstehende (mit Kindern) zur echten Falle werden.

In Deutschland gibt es eine Beerdigungspflicht und auch eine Friedhofspflicht. Wenn ein Angehöriger stirbt, kann die Beerdigung mitunter ganz schön ins Geld gehen und das Sterbegeld einer Sterbegeldversicherung oder einer privaten Rentenversicherung soll die Kosten einer Bestattung abdecken. Dabei beläuft sich die Summe des Sterbegeldes in der Regel auf die Auszahlung von 8.000,– € – eine Beerdigung kann allerdings auch deutlich teurer werden. Daher gilt: Lerne deinen Bestatter kennen, bevor du ihn brauchst. Informiere dich über die Kosten und die Grabarten. Sichere deine Beerdigungskosten beispielsweise mit einem Bestattungsvorsorgevertrag ab, der selbst dann unangetastet bleibt, wenn du ins Pflegeheim kommst oder sozialhilfebedürftig wirst.

» Martina hat in ihre betriebliche Altersvorsorge über ihren Arbeitgeber über viele Jahre ein schönes Sümmchen von insgesamt 50.000,– € angespart. Martina ist schon lange verwitwet und hat bis vor Kurzem noch ihre zwei Kinder durch die Ausbildung begleitet. Die Kinder stehen inzwischen auf eigenen Füßen und bekommen kein Kindergeld mehr. Martina ist inzwischen 60 Jahre alt und freut sich auf ihre Altersrente, die sie mit 65 Jahren antreten kann. Dann wird auch ihre betriebliche Altersvorsorge ausgezahlt.

Stirbt unsere Martina nun zum Beispiel mit 62 Jahren, also **bevor sie das Rentenalter** erreicht hat und ohne, dass sie neu geheiratet hat, zahlt die betriebliche Altersvorsorge ihren – nicht mehr versorgungsberechtigten! – Kindern nur das sogenannte Sterbegeld von 8.000,– € für die Beerdigung aus. Die restlichen 42.000,– € aus der betrieblichen Altersvorsoge werden **nicht ausgezahlt,** da Martina ihre Altersrente nicht erreicht hat. Das Geld hat Martina umsonst gespart, von den Zinsen und Zinseszinsen ganz zu schweigen.

Über diesen Fall sollte es deutlich mehr Aufklärung geben, denn vor allem Verwitwete haben oft Kinder und behalten die Einzahlungen in ihre Versicherungspolicen nach dem Tod des Partners bei. Das ist nicht weiter schlimm, solange du über **diese eine Eventualität** aufgeklärt bist, denn dann kannst du entscheiden, ob sich die Einzahlungen für dich überhaupt lohnen und du dieses Risiko eingehen möchtest. Möglicherweise ist es auch klüger, das Geld entweder direkt ins Netto-Haushaltseinkommen fließen zu lassen oder mehrere private Rentenversicherungen jeweils bis zu einer Summe von 8.000,– € zu besparen oder vielleicht auf eine ganz andere Sparform wie zum Beispiel ETFs oder Immobilien zu gehen, wo die nächste Generation nach dem eigenen Tod auf alle Fälle jeden eingezahlten Cent bekommt?

!

Tipp Notfallordner: Erleichtere deinen Lieben den Papierkram nach deinem Tod durch die Anlage eines »Notfallordners«. Hierzu hat Dirk R. Schuchardt ein hilfreiches Video bei YouTube eingestellt. Hinter folgendem QR-Code gelangst du zum Video

Übrigens: Wolters Kluwer Steuertipps bietet auch einen umfangreichen VorsorgePlaner mit zusätzlichem Notfallordner an. Nähere Infos dazu unter www.steuertipps.de/shop/literature/der-vorsorgeplaner.

8.4 Auszahlungen von Betriebsrenten des Verstorbenen

Eine nicht selten gestellte Frage ist die, wie das Geld behandelt wird, das Verstorbene in ihrer privaten Rentenversicherung oder Betriebsrente der Hinterbliebenen oder dem Hinterbliebenen hinterlässt – und zwar in Bezug auf die Anrechnung von Einkommen. Nochmals auf Deutsch: Hinterlässt der Verstorbene eine private Altersvorsorge, wird diese auf die Hinterbliebenenrente angerechnet oder nicht? Die Antwort ist: Es kommt darauf an.

Steuerpflicht

Zunächst einmal ist anzumerken, dass jegliche Auszahlungen, also auch die Riester-Renten, bei der Auszahlung steuerpflichtig sind. Das betrifft Einmalauszahlungen von privaten Rentenversicherungen des Verstorbenen genauso wie monatliche Renten für die Hinterbliebenen. Aus steuerlicher Sicht kann es daher sinnvoll sein, sich solcherlei Renten als Einmalzahlung auszahlen zu lassen, da – wie du jetzt ja bereits weißt – im Jahr des Todes sowie im darauffolgenden Jahr noch das steuerbegünstigte Witwensplitting für Hinterbliebene gilt. Damit wird eine Auszahlung, auch wenn es ein hoher Betrag ist, nicht so hoch versteuert und kann insgesamt günstiger sein als eine monatliche zu versteuernde lebenslange Rente.

Sozialversicherungspflicht

Wie auch bei eigenen zukünftigen Auszahlungen privater Rentenversicherungen sind die Renten oder Einmalzahlungen aus privaten Rentenversicherungen der Verstorbenen kranken- und pflegeversicherungspflichtig (Ausnahme: Riester-Rente). Die Beitragszahlung erfolgt bei einer monatlichen Auszahlung monatlich und bei einer Einmalzahlung nach dem oben genannten Schema über zehn Jahre verteilt.

Anrechnungspflicht

Bei der Anrechnung von Auszahlungen von privaten Rentenversicherungen der Verstorbenen an Hinterbliebene hat die Deutsche Rentenversicherung die Pauschalen in der Übersicht unter Punkt 6.10 »Pauschalen in der Übersicht« genau erläutert, welche Versicherungszahlungen angerechnet werden und wie hoch diese angerechnet werden. Dabei wird – wie sollte es anders sein – sehr klar unter neuem und altem Recht unterschieden. Solltest du deine Hinterbliebenenrente nach altem Recht bekommen, hilft dir auch die Auflistung unter dem Punkt 6.2.1 »Einkommensanrechnung nach altem Recht«.

8.5 Arbeitszeitkonto

Ausgangspunkt jedweder Einkommensanrechnung ist das im vorangegangenen Steuerjahr bezogene steuer- und sozialversicherungspflichtige Bruttoeinkommen. Hierdurch ergeben sich vorteilhafte Gestaltungsmöglichkeiten für angestellte Beschäftigte, deren Arbeitgeber flexible Arbeitszeitkonten anbieten. Interessant ist die Möglichkeit, Arbeitsentgelt mithilfe flexibler Arbeitszeitregelungen für Freistellungen oder für Arbeitszeitverkürzungen als sogenanntes »Wertguthaben« anzusparen.

» Margot ist eine 60-jährige alleinstehende Witwe ohne waisenrentenberechtigte Kinder. Margot hat als Arbeitnehmerin im vergangenen Steuerjahr Einkünfte in Höhe von monatlich 4.000,– € brutto erzielt. Hiervon würde ein beträchtlicher Teil auf die ihr zustehende Hinterbliebenenrente angerechnet und diese um etwa 550,– € gekürzt, sofern die Hinterbliebenenrente diese Höhe überhaupt erreicht.

Unsere Margot könnte mit ihrem Arbeitgeber zusammen beschließen, dass von ihrem Gehalt nur die Höchstgrenze des ihr zustehenden Freibetrags ausgezahlt würde, also für das Steuerjahr 2023 wären das 1.730,08 € pro Monat (inklusive aller anteiligen Sonderzahlungen wie Urlaubs- und Weihnachtsgeld). Der Rest fließt in ein betriebliches Langzeit-Arbeitszeitkonto. Die Hinterbliebenenrente wird auf diese Weise nicht mehr gekürzt und ihre geleisteten Arbeitsstunden blieben Margot erhalten.

Wenn du als 60-Jährige auf diese Weise dein Langzeitkonto zweieinhalb Jahre lang »fütterst«, kannst du zum Beispiel zweieinhalb

Jahre früher von der Arbeit freigestellt werden, mit weiterhin – diesmal aber ohne tatsächlich zu leistende Arbeitsstunden – fließenden sozialversicherungspflichtigen Einkünften in Höhe von 2.269,92 € (4.000,– € – 1.730,08 €). Wir sprechen hier von einem Zeitraum von insgesamt fünf Jahren, in denen der Freibetrag der Hinterbliebenenrenten natürlich je nach Höhe der Steigerung der jeweiligen durchschnittlichen (beitragspflichtigen) Bruttolöhne jährlich Stück für Stück mit ansteigt, sodass der in der »Ruhephase« ausgezahlte Betrag von 2.269,92 € dann größtenteils, wenn nicht sogar gänzlich, anrechnungsfrei ist (siehe Punkt 6.17 »Der Sockelbetrag der Wachstumsinitiative«).

Das Problem an der Angelegenheit ist, dass im laufenden Steuerjahr die Rentenerhöhung für die künftige Anrechnung des aktuellen Einkommens noch nicht beschlossen ist. Die jeweilige Rentenerhöhung wird immer erst im Frühling eines Jahres zum jeweils 1. Juli beschlossen, das bedeutet, dass du in dem Jahr davor noch nicht weißt, wie hoch der anrechnungsfreie Bruttobetrag faktisch tatsächlich ist.

Aber: Ein solches Modell wird von der Deutschen Rentenversicherung ausdrücklich anerkannt.

Hinweis: Das Arbeitszeitkonto muss bis zum Erreichen des regulären Rentenalters wieder »entspart« werden. Diese Position vertritt zumindest das Bundesarbeitsministerium.

Für Arbeitnehmer in Kleinbetrieben dürften die skizzierten Möglichkeiten kaum infrage kommen, da die Betriebe mit entsprechenden Beschäftigungsvarianten meist keine oder wenig Erfahrung haben. In größeren und mittleren Betrieben dagegen sind den Personalabteilungen solche Varianten eher bekannt und geläufig. Und für jüngere Betroffene ist ein Arbeitszeitkonto auch eher wenig geeignet, schon allein aufgrund weiterer möglicher Arbeitgeberwechsel.

Wichtig zu wissen: Kosten verursacht die Einrichtung von Arbeitszeitkonten den Betrieben nicht – und der bürokratische Aufwand hält sich in Grenzen.

Wichtig: Egal, welches Arbeitszeitmodell Hinterbliebene in Anspruch nehmen, es kann oder sollte auch immer ein Blick auf die Renteninformation wichtig sein, denn auch die eigene Altersrente wird bei den Hinterbliebenenrenten angerechnet, und zwar mit einer weitaus geringeren Pauschale als beim Erwerbseinkommen. Aus wirtschaftlichen Gründen ergibt es gegebenenfalls auch aus Sicht der sich erhöhenden Altersrente Sinn, auf erhöhtes Erwerbseinkommen zu verzichten, je nachdem, wie hoch die eigenen Rentenansprüche für die Altersrente bereits sind. Wenn das Arbeiten jedoch Spaß macht und der Lebensfreude dient, sind diese wirtschaftlichen Aspekte sicher unwichtig(er).

8.6 Altersteilzeit

Eine adäquate Möglichkeit, die Abzüge bei den Hinterbliebenenrenten zu reduzieren, kann für ältere Arbeitnehmer neben dem Arbeitszeitkonto auch die eigentliche Altersteilzeit sein. In der Altersteilzeit erhalten die Betroffenen zum einen ihren sozialversicherungspflichtigen Teilzeitlohn (in der Regel in Höhe des halben ihnen bei Vollzeit zustehenden Bruttoentgelts) sowie darüber hinaus einen sozialversicherungsfreien Aufstockungsbetrag des Arbeitgebers, der in einzelnen Branchen unterschiedlich hoch ausfällt.

Klar ist: Das sozialversicherungspflichtige (Teilzeit-)Bruttoentgelt wird nach den üblichen Anrechnungspraktiken angerechnet.

Strittig war allerdings früher, wie mit den Aufstockungsbeträgen zu verfahren ist. Das Bundessozialgericht hat nun entschieden (Urteil des BSG vom 17.4.2012, Az. B 13 R 73/11R), dass während der Altersteilzeit gezahlte steuerfreie Aufstockungsbeträge des Arbeitgebers nicht als Einkommen auf die Witwenrente angerechnet werden dürfen, wenn die Ehe vor dem 1.1.2002 geschlossen wurde und mindestens ein Ehepartner vor dem 2.1.1962 geboren wurde. Bei später geschlossenen Ehen zählt der Aufstockungsbetrag allerdings in voller Höhe zum anrechenbaren Einkommen. Das gilt auch bei vor 2002 geschlossenen Ehen, wenn beide Ehepartner ab dem 2.1.1962 geboren wurden.

8.7 Einkünfte aus selbstständiger Arbeit

Das Schöne an einer selbstständigen Tätigkeit ist nicht nur, dass die Zeit frei eingeteilt werden kann, es sind auch die finanziellen Möglichkeiten, die sie bietet. Dieses Buch bietet keinen Steuerkurs zum Steuernsparen für Selbstständige, dafür gibt es andere tolle Bücher und viele gute Steuerberaterinnen und Steuerberater in Deutschland. Dennoch muss diese Tätigkeitsform im Hinblick auf die Hinterbliebenenrenten angesprochen werden.

Bei Kapitalgesellschaften gibt es sehr komplizierte steuerliche Möglichkeiten, die ein Hinterbliebener wie jede andere Person nutzen kann, damit zwar Geld da ist, aber nicht als eigenes Einkommen gilt oder in der Firma bleibt und damit nicht zur Anrechnung kommt. Größere Vermögen können auch per (Familien-)Stiftung der Familie erhalten bleiben, ohne dass Zinsen, Gewinne oder Dividenden der Stiftung auf die Hinterbliebenenrenten angerechnet werden, da das Geld dann nicht mehr dem Hinterbliebenen selbst gehört, sondern der Stiftung.

Für die Hinterbliebenenrenten gilt: Gewinne, die auf der Steuererklärung auftauchen, werden angerechnet, Verluste zählen jedoch nicht als Einkommen und fallen damit unter den Tisch. **Nicht möglich ist eine Verrechnung mit anderen Einkunftsarten wie bei der Ermittlung des zu versteuernden Einkommens.** Die Deutsche Rentenversicherung geht da »stur« jede Einkommensart einzeln durch. Werden Gewinne erwirtschaftet, zählen diese zum anrechnungsfähigen Einkommen, Verluste werden wie Null Euro Einkommen behandelt, egal wie hoch die Verluste sind.

Und damit sind wir auch schon bei den Möglichkeiten für Emma-Normal-Hinterbliebene: Ein kleiner gewerblicher Nebenerwerb kann erfreuliche organisatorische und finanzielle Effekte für das Netto-Haushaltseinkommen von Hinterbliebenen haben, ohne dass tatsächlich steuerlich Gewinne erwirtschaftet werden. Damit bleibt dieser Nebenerwerb anrechnungsfrei – aber Achtung: Das Finanzamt sieht Tätigkeiten, die keine oder wenig Gewinne erwirtschaften, oft als Liebhaberei an. Es kann also sein, dass eine Nebentätigkeit mit langjährigen Verlusten vom Finanzamt nicht (mehr) anerkannt wird – da die Gewinnerzielungsabsicht fehlt.

8.8 Einkünfte aus Vermietung und Verpachtung

Zum Thema Immobilien als Kapitalanlagen gibt es massenweise tolle Bücher und anderes Informationsmaterial, nur erklärt in diesen Büchern kaum jemand, wie das mit der Anrechnung auf die Hinterbliebenenrenten funktioniert, deswegen möchte ich mich hier bis auf ein paar Grundlagen genau darauf konzentrieren. Es bräuchte mehrere Bücher, um das Thema Immobilien vollumfänglich zu behandeln, und das soll dieses Buch ganz sicher nicht tun. Es geht hier nur um einen zugegebenermaßen sehr kurzen Einblick in die Möglichkeiten, legal Geld zu verdienen, ohne dass die Kürzungen der Hinterbliebenenrenten dadurch höher ausfallen.

Es gibt vor allem nach neuem Recht kaum eine Möglichkeit, legal Einkommen zu erwerben, ohne dass dieses Einkommen zur Anrechnung herangezogen wird und zu (weiteren) Kürzungen führt. Einkünfte aus Vermietung und Verpachtung können – ähnlich wie die Einkünfte aus einem Gewerbe oder einem Nebengewerbe – eine kleine Goldgrube für Hinterbliebene sein. Immobilien bieten die einzig mir bekannte Möglichkeit für ein anrechnungsfreies Einkommen (z.B. durch einen Verkauf), erfordern aber einiges an Wissen, ein gutes Händchen für Zahlen und vor allem etwas Geduld. Genauer gesagt zehn Jahre pro Immobilie.

Während auch bei Immobilien – ähnlich dem (Neben-)Gewerbe – eine Berechnung des vorhandenen Cashflows eine völlig andere ist als die Berechnung des steuerlichen Gewinns oder Verlustes, ist die sicher interessanteste Möglichkeit, mit Immobilien anrechnungsfrei Geld zu verdienen, der Verkauf einer Immobilie. Das geht bei einer vermieteten Immobilie im Privateigentum nach der sogenannten Veräußerungsfrist von zehn Jahren. Du kannst Immobilien auch beispielsweise in einer GmbH kaufen oder in einer Genossenschaft oder (Familien-)Stiftung, aber das geht hier thematisch einfach zu weit.

Beim Verkauf einer Immobilie unterscheidet das Finanzamt streng nach eigengenutzter und vermieteter Immobilie. Während die eigengenutzte Immobilie jederzeit steuerfrei verkauft werden darf, kann die vermietete Immobilie erst nach zehn Jahren steuerfrei verkauft werden. In den folgenden Beschreibungen geht es ausschließlich um vermietete Immobilien, also um Immobilien als Kapitalanlage im Privateigentum.

8.8.1 Kaufdatum

Entscheidend für den steuerfreien Verkauf einer vermieteten Immobilie ist das Datum vom Übergang Nutzen auf Lasten, meist ist das das Datum der Zahlung des Kaufpreises. Warum kommt das in diesem Buch als Allerersten? Weil Immobilien im Falle von Hinterbliebenen oft nicht gekauft werden, sondern geerbt wurden, und da stellt sich die Frage, ob die Frist am Tag des Erbes beginnt? Nein, die Frist beginnt auch hier ab **Übergang von Nutzen auf Lasten,** Grundbucheinträge aufgrund von Erben bleiben ungeachtet.

» Manfred hat 1966 eine vermietete Immobile gekauft und diese nie verkauft. Im Jahr 2023 stirbt Manfred und vererbt die Immobilie seiner Frau Renate. Renate möchte die Wohnung gerne sofort verkaufen und darf dies steuerfrei tun, da die 10-jährige Veräußerungsfrist seit 1966 schon lange abgelaufen ist.

8.8.2 Der monatliche Cashflow

Wie auch bei Gewinn-und-Verlust-Rechnungen bei selbstständiger Arbeit errechnet sich der steuerliche Gewinn oder Verlust bei Immobilien völlig anders als der eigentliche Cashflow. Es kann also gut sein, dass der tatsächliche Cashflow auf deinem Konto bei deiner Immobilie positiv ist und monatlich wächst, steuerlich gesehen machst du aber Verluste. Das ist für Empfänger von Hinterbliebenenrenten natürlich ein wunderbarer Fall, da mit den steuerlichen Verlusten die so gefürchteten Nachzahlungen der bekanntlich brutto ausgezahlten Hinterbliebenenrenten ein Stück weit gemindert werden können und Verluste auch nicht zur Anrechnung kommen.

Immobilieneigentümern stehen aus steuerlicher Sicht sehr viele Instrumente zur Verfügung, um die Gewinne aus der Einkunftsart Vermietung und Verpachtung zu mindern. Das ist vom Gesetzgeber so gewollt, weil er vermietete Immobilien sehr fördert. Hinterbliebene sollten sich diese Systeme aneignen und zunutze machen.

8.8.3 Abschreibung und verminderte Restnutzungsdauer

Bei einer vermieteten Immobilie kann der Gebäudewert auf 50 Jahre abgeschrieben werden oder bei älteren Gebäuden auf 40 Jahre. Dafür gibt es vom Finanzamt eine schöne Arbeitshilfe, um die Werte für Grundstück und Gebäude rechtssicher zu ermitteln: Aufteilung eines Gesamtkaufpreises für ein bebautes Grundstück (Kaufpreisaufteilung; Quelle 15). Bestenfalls hast du diese Datei schon vor dem Kauf ausgefüllt und die entsprechende Kaufpreisaufteilung im Kaufvertrag vermerkt. Die Abschreibung des Gebäudes kann jährlich steuerlich geltend gemacht werden.

» Der Kaufpreis einer Immobilie liegt bei 600.000,– €. Das Grundstück hat einen Wert von 100.000,– €, das bedeutet, das Gebäude ist 500.000,– € wert und kann jährlich für die kommenden 50 Jahre mit 500.000,– € ÷ 50 Jahre = 10.000,– € abgeschrieben werden. Das bedeutet nichts anderes, als dass die ersten 10.000,– € Mieteinnahmen steuerfrei sind.

Der monatliche Cashflow durch eine verminderte Restnutzungsdauer

Seit ein paar Jahren gibt es unter Immobilienbesitzern einen regelrechten Run auf Personen oder Institutionen, die ein sogenanntes Gutachten auf eine **verminderte Restnutzungsdauer (kurz: RND)** ausstellen. Diese Gutachten können einer Immobilie mitnichten eine Restnutzungsdauer von nur noch 15 oder 20 Jahren ausstellen, was die jährliche Abschreibung dieser Immobilie natürlich erheblich erhöht. Laut dem Schreiben vom Bundesfinanzministerium vom 22.2.2023 müssen die **Gutachten nach DIN EN ISO/IEC 17024** erstellt werden, spätere Urteile haben diese Richtlinie aufgeweicht, aber letztendlich muss **das jeweilige Finanzamt dein Gutachten anerkennen.**

» Der Käufer unserer obigen Immobilie lässt direkt nach dem Kauf ein Gutachten für eine verminderte Restnutzungsdauer anfertigen. Das Gutachten weist aufgrund des Zustandes der Immobilie eine Restnutzungsdauer von nur noch 15 Jahren aus. Der Käufer reicht dieses Gutachten sofort beim Finanzamt ein und es wird auch vom Finanzamt anerkannt. Das hat zur Folge, dass der Wert des Gebäudes von 500.000,– € nun nicht mehr auf 50 Jahre aufgeteilt wird, sondern auf nur noch 15 Jahre und damit jährlich nicht mehr 10.000,– € von der Steuer abgesetzt werden können, sondern 33.333,33 €.

Die Möglichkeiten zur verkürzten Restnutzungsdauer sollen ab 2025 stark eingeschränkt werden. Der Bundesrat schlägt in seiner Stellungnahme zum Jahressteuergesetz 2024 vor, dass eine verkürzte Nutzungsdauer nur noch dann angesetzt werden kann, wenn diese weniger als 20 % der gesetzlich festgelegten Nutzungsdauer von

50 Jahren beträgt – also weniger als zehn Jahre! Für Immobilien, die eine längere Restnutzungsdauer haben, wie beispielsweise 26 Jahre, soll keine Anpassung mehr möglich sein. Es bleibt abzuwarten, was hier beschlossen wird.

Mit einem Gutachten für eine verminderte Restnutzungsdauer kannst du also die Steuerlast für dich als Immobilieneigentümerin deutlich verringern. Das ist selbstredend auch gut für hinterbliebene Immobilieneigentümerinnen.

8.8.4 Die Veräußerungsfrist, Veräußerungsgewinn und Veräußerungssteuer

Wenn eine vermietete Immobilie innerhalb der 10-Jahres-Frist gewinnbringend verkauft wird, ist **der Gewinn** steuerpflichtig. Die 10-Jahres-Frist nennt sich **Veräußerungsfrist,** der Gewinn einer verkauften Immobilie ist der **Veräußerungsgewinn** und die anfallende Steuer auf diesen Gewinn ist die **Veräußerungssteuer.** Veräußerungsgewinne sind nach neuem Recht bei den Hinterbliebenenrenten anrechenbares Einkommen und mindern gegebenenfalls die Hinterbliebenenrente.

Wird eine vermietete Immobilie jedoch **nach der Veräußerungsfrist** gewinnbringend verkauft, ist der **Verkauf nicht steuerpflichtig** und damit auch **nicht anrechenbar** auf die Hinterbliebenenrente (egal welches Recht). Ich persönlich finde das spektakulär, denn so ein Veräußerungsgewinn kann, wenn die richtige Immobilie am richtigen Ort gekauft wurde, durchaus fünf- oder gar sechsstellig sein!

Beim Verkauf einer Immobilie bleibt auch nicht nur der Veräußerungsgewinn übrig. Dies ist wieder nur eine steuerliche Zahl, die mit dem eigentlichen Geld, was nach dem Verkauf auf deinem Konto landet, nur wenig zu tun hat. Die Immobilie wurde mindestens zehn Jahre lang getilgt und das nun kleinere Darlehen muss zurückgezahlt werden. Übrig bleibt viel Geld. Alles ohne Kürzungen der Hinterbliebenenrente.

8.9 Einnahmen aus Kapitalerträgen (nur neues Recht)

Einnahmen aus Kapitalerträgen waren in den letzten Jahren aufgrund der kaum vorhandenen Sparzinsen kaum ein Thema, können aber nun aufgrund des Anstiegs der Sparzinsen wieder zum Thema für Hinterbliebene werden. Anders als bei Einkommen aus Vermietung und Verpachtung, kannst du bei Kapitalerträgen keine Ausgaben oder Renovierungen gegenrechnen, um diese zu verringern, es gibt nur einen Sparerpauschbetrag.

8.9.1 Sparerpauschbetrag (Pauschale)

Die Höhe des Sparerpauschbetrags – auch Sparerfreibetrag genannt – beträgt pro Jahr 1.000,– € pro Person und 2.000,– € für gemeinsam Veranlagte (Stand: Steuerjahr 2024 und 2025). Das bedeutet, dass Zinsen, Dividenden und Gewinne aus Wertpapier- und Fondsverkäufen bis zu diesem Betrag abgeltungsteuerfrei bleiben.

» Miriam hat im Jahr 2024 Zinserträge von insgesamt 990,– € erwirtschaftet. Da sie bereits seit einigen Jahren verwitwet und damit alleinstehend veranlagt ist, gilt für sie der Sparer-Pauschbetrag von 1.000,– €. Für sie fallen aufgrund des Sparer-Pauschbetrags keine Steuern an. Da in ihrer Steuererklärung keine steuerpflichtigen Kapitalerträge aufgeführt werden, führen die Zinserträge von Miriam zu keiner weiteren Kürzung ihrer Hinterbliebenenrente.

8.9.2 Kapitalertragsteuer (oder auch Abgeltungsteuer)

Fast alle Kapitalerträge unterliegen pauschal der 25-prozentigen Abgeltungsteuer. Hinzu kommt der Solidaritätszuschlag von 5,5 %, der generell noch aufgeschlagen wird. Das sind insgesamt 26,375 %. Für Kirchenmitglieder ist außerdem Kirchensteuer fällig. Diese beträgt in allen Bundesländern bis auf Bayern und Baden-Württemberg 9 %.

In den anderen beiden Bundesländern sind es 8 % als Zuschlag auf die Steuer. Gesetzlich geregelt ist die Kapitalertragsteuer in § 32d Einkommensteuergesetz (EStG), die Einkünfte aus Kapitalvermögen in § 20 EStG.

» Brigitte hat im Jahr 2024 Zinserträge von insgesamt 2.000,– € erwirtschaftet. Auch Brigitte ist schon seit Jahren verwitwet und damit alleinstehend veranlagt, daher gilt auch für sie der Sparer-Pauschbetrag von 1.000,– €. Brigitte gehört nicht zu den Gutverdienern und muss damit keinen Solidaritätszuschlag zahlen und sie ist schon lange aus der Kirche ausgetreten. Das bedeutet, dass Brigitte auf die zweiten 1.000,– € sowohl 26,375 % Kapitalertragsteuer zahlen muss als auch, dass diese 1.000,– € nach Abzug der entsprechenden Pauschale (von nicht zufällig genau 25 %) auf die Hinterbliebenenrente angerechnet wird und diese entsprechend kürzt.

8.9.3 Übertragung von Kapital auf die Kinder

Wenn du Kinder hast, kann es von Vorteil sein, den Kindern einen gewissen Betrag auf ein eigenes Konto auf deren Namen zu übertragen. Damit schöpfst du weitere Sparer-Pauschbeträge aus, ohne dass die Erträge aus dieser Sparform jeweils kapitalertragsteuerpflichtig werden. Natürlich gilt es Vertrauen zu den Kindern zu haben, dass dieses Kapital entweder vor dem 18. Geburtstag wieder zurücküberwiesen wird oder bei den Kindern verbleibt. Die jeweils gültigen Freibeträge von Schenkungen müssen dabei eingehalten werden, siehe auch Punkt 7.3 »Nichtveranlagungsbescheinigung (NV 1A)«.

Achtung: Bei solchen Überlegungen muss immer der steuerliche Freibetrag für eine Schenkung im Blick behalten werden. Überträgt ein Elternteil an ein Kind »von oben nach unten« Geld, gibt es einen Freibetrag von 400.000,– € alle zehn Jahre. Wird umgekehrt von »unten nach oben« geschenkt, liegt der Freibetrag allerdings nur noch bei 20.000,– € (bei Erbschaften »nach oben« 100.000,– €) alle zehn Jahre.

8.10 Eigene Kapitallebensversicherungen in der Auszahlung

Kapitallebensversicherungen sind so ein eigenes Thema, bei denen es bisher widersprüchliche Aussagen von der Deutschen Rentenversicherung gibt. Grundsätzlich ist einmal festzuhalten, dass Einkünfte aus Kapitalvermögen ausschließlich nach neuem Recht zur Anrechnung kommen. Das bedeutet, alle Betroffenen, die ihre Rente wegen Todes nach altem Recht bekommen, können dieses Kapitel überspringen.

Es sieht fast so aus, als wisse die Deutsche Rentenversicherung selbst nicht ganz genau, wie diese Kapitallebensversicherungen in der Auszahlung mit der Anrechnung korrelieren. Um das zu verstehen, ist ein bisschen Hintergrundwissen nötig: Betroffene nach neuem Recht sind vom Alter her eher die jüngere Generation, so ganz grob 50 Jahre und/oder jünger. In diesen Altersklassen ist es eher selten und unüblich, dass Kapitallebensversicherungen bereits jetzt ausgezahlt werden, was wiederum bedeutet, dass es bisher kaum Fälle solcher Art für die Deutsche Rentenversicherung gab, in denen die Auszahlung einer Kapitallebensversicherung tatsächlich zur Anrechnung herangezogen werden musste.

Die Deutsche Rentenversicherung schreibt dazu Folgendes:

»Für die Einnahmen aus Kapitallebensversicherungen

- *mit einer Mindestlaufzeit von 12 Jahren,*
- *deren Vertrag vor dem 01.01.2005 begonnen hat,*
- *mit einer Beitragszahlung von mindestens 5 Jahren und*
- *für die mindestens ein Versicherungsbeitrag bis zum 31.12.2004 entrichtet worden ist,*

findet die am 31.12.2004 geltende Fassung des Einkommensteuerrechts weiterhin Anwendung (§ 52 Abs. 28 S. 5 EStG). Diese Einnahmen sind nicht steuerpflichtig. Im allgemeinen Sprachgebrauch ist von

»steuerfreien« Versicherungen die Rede. Die Einnahmen unterfallen der Einkommensart »Einnahmen aus Versicherungen« im Sinne des § 18a Abs. 4 Nr. 1 Buchst. B SGB IV und werden deshalb – obwohl keine Einnahmen aus Kapitalvermögen im Sinne des § 20 EStG – als anrechenbares Einkommen auf Renten wegen Todes berücksichtigt.« (Quelle: Schreiben der Deutschen Rentenversicherung)

Und jetzt auf Deutsch

Übersetzt auf Deutsch heißt das so viel wie, dass die Auszahlungen der Versicherungsbeträge zwar steuerfrei sind und keine Einnahmen aus Kapitalvermögen, aber dass sie eben trotzdem an die Renten wegen Todes angerechnet werden.

Weiter schreibt die Deutsche Rentenversicherung:

»Zu den Einnahmen gehören außerrechnungsmäßige und rechnungsmäßige Zinsen aus den Sparanteilen, die in den Beiträgen zu diesen Versicherungen enthalten sind; bei dem in § 18a Abs. 4 Nr. 1 Buchst. B SGB IV genannten Verweis auf die am 21.9.2002 geltende Fassung des § 20 Abs. Nr. 6 EStG handelt es sich um die mit der Bekanntmachung der Neufassung des Einkommenssteuergesetzes vom 19.10.2002 (BGBl. I S. 4210) veröffentlichte Fassung. Außerrechnungsmäßige Zinsen sind die zur Beitragsrückerstattung oder Erhöhung der Versicherungssumme verwendeten Zinsen (Überschusszinsen, Schlussbonus und so weiter). Rechnungsmäßige Zinsen sind die von vornherein garantierten und mit der fälligen Versicherungssumme zufließenden Zinsen aus Sparanteilen, die in den Beiträgen zur Kapitallebensversicherung enthalten sind (Verzinsung des Deckungskapitals). Dagegen gehören außerrechnungsmäßige und rechnungsmäßige Zinsen nicht zu den Einkünften aus Kapitalvermögen im Sinne des § 20 Abs. 1 Nr. 6 EStG alter Fassung, wenn die Zinsen mit den Beiträgen verrechnet werden.«

Und jetzt kommt der entscheidende Satz:

»Somit findet die Auszahlung der vollständigen Versicherungssumme einer Kapitallebensversicherung Anrechnung auf die Witwenrente.«

In einem späteren Schreiben wird eben dieser letzte Satz so umformuliert, dass möglicherweise doch nicht die vollständige Versicherungssumme zur Anrechnung herangezogen wird: *»Es ist also zum gegebenen Zeitpunkt zu prüfen, ob die außerrechnungsmäßigen oder rechnungsmäßigen Zinsen mit Beiträgen verrechnet wurden oder nicht.*

Sollten sie mit Beiträgen verrechnet worden sein, gehören sie nicht zu den Einkünften aus Kapitalvermögen und werden demzufolge auch nicht angerechnet.«

Kapitalerträge oder Vermögenseinkommen?

In einem späteren Schreiben formuliert die Deutsche Rentenversicherung das nochmals etwas anders und ordnet die Auszahlung einer Kapitallebensversicherung nicht den Kapitalerträgen zu, sondern dem Vermögenseinkommen:

»Vermögenseinkommen im Sinne des Absatzes 1 Satz 1 Nummer 3 ist die positive Summe der positiven oder negativen Überschüsse, Gewinne oder Verluste aus folgenden Vermögenseinkommen:

[…] 1.b) Einnahmen aus Versicherungen auf den Erlebens- oder Todesfall im Sinne von § 10 Absatz 1 Nummer 2 Buchstabe b Doppelbuchstabe cc und dd des Einkommenssteuergesetzes in der am 1. Januar 2004 geltenden Fassung, wenn die Laufzeit dieser Versicherungen vor dem 1. Januar 2005 begonnen hat und ein Versicherungsbeitrag bis zum 31. Dezember 2004 entrichtet wurde, es sei denn, die werden wegen Todes geleistet; zu den Einnahmen gehören außerrechnungsmäßige und rechnungsmäßige Zinsen aus den Sparanteilen, die in den Beiträgen zu diesen Versicherungen enthalten sind, im Sinne des § 20 Absatz 1 Nummer 6 des Einkommenssteuergesetzes in der am 21. September 2002 geltenden Fassung.

Bei der Ermittlung der Einnahmen ist als Werbekostenpauschale der Sparer-Pauschbetrag abzuziehen […].«

Merke: Solltest du eine Kapitallebensversicherung haben, solltest du dir von der Deutschen Rentenversicherung bestätigen lassen, ob oder – wenn ja – wie die Auszahlung der Lebensversicherungssumme im Alter auf deine Hinterbliebenenrente angerechnet wird, denn das scheint nach wie vor unklar zu sein. Danach kannst du entscheiden, ob es überhaupt noch Sinn ergibt, weiterhin Beiträge in diese Versicherung zu zahlen, oder ob es vielleicht klüger ist, die Versicherung beitragsfrei zu stellen.

---

9 Anlaufstellen für Verwitwete

Um es kurz zu machen: Eine gesamtumfängliche Beratungsstelle für Verwitwete gibt es nicht. Die Deutsche Rentenversicherung berät nur zum Thema Rente, winkt aber bei steuerlichen Themen ab. Ein Steuerberater oder eine Steuerberaterin berät nur zum Thema Steuern, hat von den Hinterbliebenenrenten und der Anrechnung von Einkommen wenig oder gar keine Ahnung. Eine Fachanwältin für Erbrecht berät zum Thema Erbrecht, mit Glück ist diese Person auch gleichzeitig Steuerberaterin, aber auch hier wirst du zu Fragen der Anrechnung nur gähnende Leere und fragende Gesichter finden. Das Jugendamt ist keine übliche Anlaufstelle für Hinterbliebene – es gibt ja keinen Streit mehr mit dem Ex-Partner – hätte aber im Zweifel von den Anrechnungsmodalitäten vermutlich ebenfalls keine Ahnung. Wo also hingehen?

9.1 Absicherung der Kinder – sinnvolle Versicherungen

Eins vorweg: Hast du für dich für den Fall der Fälle vorgesorgt? Als Witwe oder Witwer stehen die Kinder oft noch mehr im Mittelpunkt. Was solltest du grundsätzlich tun für den schlimmsten aller Fälle, nämlich, dass dir auch noch etwas zustößt?

Welche Vorkehrungen bzw. Versicherungen solltest du **für dich** abgeschlossen haben?

- Eine Sorgerechtsverfügung im Fall deines Todes und eine Sorgerechtsvollmacht für den Fall einer längeren Erkrankung (Koma o.Ä.) oder (Urlaubs-)Abwesenheit.
- Ein Testament mit Testamentsdauervollstreckung.
- Eine Risiko-Lebensversicherung für dich (mind. 100.000,– €, gerne mehr).
- Eine private Berufsunfähigkeitsversicherung für dich.

Als Mutter oder Vater möchtest du natürlich auch dein Kind gut abgesichert wissen. Bedenke aber, dass deinem Kind nichts Schlimmeres passieren kann, als auch noch den zweiten Elternteil – also dich! – zu verlieren. Daher solltest du deine finanzielle Energie zunächst in die oben genannten Punkte stecken.

Wenn du danach noch finanzielle Mittel freihast, kannst du über die folgenden Versicherungen nachdenken, die dein Kind direkt und unmittelbar absichern:

- Eine **Invaliditätsversicherung** fürs Kind. Wenn diese aufgrund von Vorerkrankungen beispielsweise nicht mehr abgeschlossen werden kann, hilft auch eine **Unfallversicherung** mit Kombination einer **Pflegeversicherung.**
- Eine **private Berufsunfähigkeitsversicherung** fürs Kind, sobald es 16 Jahre alt ist (junges Einstiegsalter, keine Vorerkrankungen).

9.2 Lohnsteuerhilfeverein

Ein Lohnsteuerhilfeverein kann eine große Hilfe bei der Erstellung einer Steuererklärung sein und eine gute Alternative zum kostspieligeren Steuerberater. Sie erstellen Einkommensteuererklärung für Arbeitnehmer, Beamte, Auszubildende, Studierende, Rentner, Pensionäre und Unterhaltsempfänger nach § 4 Nr. 11 Steuerberatungsgesetz (StBerG). Auch bei Einkünften aus Vermietung und Verpachtung sowie Kapitalerträgen sind Lohnsteuerhilfevereine in vielen Fällen ein geeigneter Dienstleister. Hast du allerdings Einkünfte aus Land- und Forstwirtschaft, aus Gewerbebetrieb, aus selbstständiger Tätigkeit und umsatzsteuerpflichtigen Einkünften, darf der Lohnsteuerverein dir zumindest in diesen Bereichen nicht helfen. Die Mitgliedschaft in einem Lohnsteuerhilfeverein lohnt sich vor allem für alle, die mit der eigenen Erstellung der Steuererklärung und weiteren Fragen zum Thema Steuern überfordert sind – oder Zeit und Nerven sparen möchten. Der Jahresmitgliedsbeitrag ist dabei von Verein zu Verein unterschiedlich.

Eins muss jedoch immer klar sein: Egal, wer deine Steuererklärung macht, sie kann nur so gut sein wie die Unterlagen, die du selbst dafür vorbereitest. Vielleicht also doch lieber mit dem Thema selbst beschäftigen und sich mithilfe einer (günstigen) Steuersoftware durch das Thema leiten lassen?

9.3 Webseite www.verwitwet-alleinerziehend.de

Auf meiner Webseite findest du viele Informationen rund um die Hinterbliebenenrenten.

Online-Mentoring-Programm für Hinterbliebene

Im neuen Online-Mentoring-Programm (https://www.verwitwet-alleinerziehend.de/mentoring-programm-fuer-hinterbliebene) erwarten dich eine Reihe von Videos für dein neues finanzielles Leben als Hinterbliebene mit angeschlossener Community. In diesem Programm kannst du von all meinen Erfahrungen und meinem gesamten Wissen profitieren und in den direkten Austausch mit anderen betroffenen Hinterbliebenen gehen, die sich aktiv um ihre Finanzen kümmern wollen.

Berechnungshilfe Hinterbliebenenrente

Auf der Webseite unter dem Punkt »Downloads« findest du die beliebte Excel-Datei »Berechnungshilfe« für kleines Geld zum downloaden. Diese wird ständig aktualisiert. Was du jetzt brauchst, sind nur ein paar Excel-Kenntnisse und deinen ersten Witwenrentenbescheid (oder Witwerrente oder Erziehungsrente). Du kannst mithilfe dieser Liste und der Eingabe deiner dir zustehenden Entgeltpunkte jederzeit selbst ausrechnen, wie hoch deine Kürzungen aktuell sind oder wie hoch sie wären, wenn du dein Einkommen ändern möchtest.

9.4 Facebook-Gruppe »gerechte Hinterbliebenenrente«

Wer bei Facebook ist, kann sich gerne der Facebook-Gruppe »**gerechte Hinterbliebenenrente – verwitwet leben**« anschließen. Faktisch ist das die erste und noch immer einzige Plattform für alle finanziellen Fragen rund um die Hinterbliebenenrente, wie auch Fragen rund ums Erbe und eben alles, was mit den Finanzen nach dem Tod eines Partners zu tun hat. Hier finden Betroffene schnelle Antworten und Hilfe von ebenfalls Betroffenen, die ihr gesammeltes Wissen gerne an andere weitergeben. Ein entscheidender Vorteil an Facebook ist, dass dort immer jemand da ist: Du bekommst immer eine Antwort, meist innerhalb von Sekunden oder Minuten. Es ist nicht nötig, noch drei Wochen bis zum nächsten Anwaltstermin zu warten, oder gar drei Monate bis zur Antwort von der Deutschen Rentenversicherung.

9.5 Verband alleinerziehender Mütter und Väter (VAMV)

Der Verband alleinerziehender Mütter und Väter e.V. (VAMV) unterstützt Alleinerziehende durch Informationen, Beratung und engagierte Lobbyarbeit. Im VAMV sind Alleinerziehende organisiert. Sie spiegeln die Vielfalt von Wegen wider, alleinerziehend zu werden: Trennung, Scheidung oder Tod der Partnerin oder des Partners, von Anfang an alleinerziehend sein. Ortsverbände und Kontaktstellen bieten Hilfe zur Selbsthilfe: Sie geben die Möglichkeit, Erfahrungen auszutauschen und sich gegenseitig zu unterstützen. Einige Ortsverbände und die meisten Landesverbände bieten psychosoziale Beratung an wie auch Informationen unter anderem rund um die Existenzsicherung, etwa zu spezifischen Leistungen für Alleinerziehende. Für verwitwete Alleinerziehende können sie darüber hinaus eine Lotsenfunktion einnehmen. Der Bundesverband setzt sich seit 2024 für die gänzliche Abschaffung der Hinzuverdienstgrenze bei den Hinterbliebenenrenten ein. Mehr Informationen unter: www.vamv.de.

9.6 Nicolaidis YoungWings Stiftung

Die in München ansässige Nicolaidis YoungWings Stiftung bietet als gemeinnützige Organisation im deutschsprachigen Raum jungen Trauernden bis zum Alter von 49 Jahren eine zielgruppengerechte Beratung sowie langfristige Begleitung in der Trauer. Die Angebote richten sich an Trauernde nach dem Tod des Lebenspartners und an Trauernde nach dem Tod eines Elternteils und können zeitlich unbefristet und kostenfrei in Anspruch genommen werden.

In der Sozialberatungsstelle der Nicolaidis YoungWings Stiftung erhalten junge Trauernde zudem Hilfestellung zu Themen wie staatliche finanzielle Hilfen, Rentenansprüche und Krankenkassen bzw. Versicherungsleistungen. Die Gespräche können sowohl vor Ort in der Stiftung als auch per Videokonferenz oder Telefon stattfinden. Sollten Fragen und Anliegen nicht unmittelbar geklärt werden können, hilft die Beraterin der Stiftung dabei, passende Anlaufstellen und Expertinnen zu finden.

9.7 Sozialverband VdK Deutschland e.V.

Der Sozialverband VdK Deutschland e.V. ist mit 2,2 Millionen Mitgliedern der größte Sozialverband in Deutschland. Er ist die sozialpolitische Interessenvertretung für alle Bürgerinnen und Bürger und kämpft seit mehr als 70 Jahren für soziale Gerechtigkeit, eine gute Sozialpolitik und einen starken Sozialstaat.

Zudem berät der VdK seine Mitglieder zu allen Fragen des Sozialrechts und hilft dir, deine Ansprüche durchzusetzen – vom Antrag, über Widerspruchsverfahren bis hin zur Klage vor den Sozialgerichten. Jedes Jahr erstreitet der VdK in vielen Verfahren Millionen Euro an Nachzahlungen für seine Mitglieder. In über 400 Geschäftsstellen bundesweit beraten die VdK-Juristinnen und -Juristen zur Witwen-, Witwer-, Waisen- und Erziehungsrente sowie zur gesetzlichen Renten-, Kranken-, Pflege- und Unfallversicherung, zu Rehabilitation, Schwerbehinderung und Grundsicherung und zum sozialen Entschädigungsrecht.

9.8 Bestatter(innen) und (regionale) Trauergruppen

Die Bestattungsunternehmen können mitunter eine großartige Hilfe bei der Verteilung von Informationen sein. Sie haben den ganzen Tag mit Trauernden zu tun, kennen mitunter alle Anlaufstellen der Umgebung und können oft Informationen und Kontaktadressen weitergeben. Vermutlich selten bekommen sie im Nachhinein nochmals Rückmeldungen von den Trauernden, ob die Informationen auch gut waren, aber sie sind und bleiben der erste Kontakt der Trauernden nach dem Tod eines Partners.

Auch können Bestattungsunternehmen in vielen Fällen Informationen über regionale Trauergruppen geben, denn diese sind weder bundesweit noch landesweit organisiert, sondern in den allermeisten Fällen regional über Kirchen oder Stiftungen. Während über die Kirchen die Trauergruppen (meist für betagte Trauernde) vielleicht noch recht leicht ausfindig zu machen sind, ist es bei Kindertrauergruppen oft genug reine Glückssache, ob es überhaupt eine derartige Gruppe im Umfeld gibt oder wenn ja, diese auch zu finden. Manchmal bieten Hospize entsprechende Gruppen oder Formate wie Trauercafés an. Auch auf der Suche nach Trauergruppen können Bestatter – oder auch Trauerredner – eine gute Unterstützung in der Verbreitung von Informationen an die nötigen Stellen sein.

9.9 Jugendamt und Erziehungsberatungsstellen

Hinterbliebene Alleinerziehende gehen nicht wie andere Alleinerziehende beim Jugendamt ein und aus, da es keine Streitigkeiten mit dem Verstorbenen mehr gibt. Das Jugendamt kann aber neben der Antragsstelle für Unterhaltsvorschuss auch eine große Hilfe und Unterstützung für die emotionale Seite des Lebens sein. Es kann genauso wie Bestatter als Informationsstelle für Anlaufstellen dienen oder auch praktische Hilfe für den Alltag geben, wie zum Beispiel durch eine Familienhilfe.

10 Schlusswort und Danksagung

Sicher kommen immer wieder neue Fragen auf, die dieses Buch dir nicht beantworten kann.

- Was ist, wenn die Schwiegereltern versterben – wer erbt?
- Wie kann ich selbst sinnvoll für mein Alter vorsorgen trotz Hinterbliebenenrente?
- Wie wird das BAföG bei Halbwaisen genau berechnet?
- Bekommen meine Kinder überhaupt BAföG, wenn sie ein Teil vom Haus oder ein Vermögen besitzen?
- Wird ein Erbe an die Hinterbliebenenrenten angerechnet?
- Wie ist das, wenn ich ins Ausland ziehen möchte?
- Oder wenn ich aus dem Ausland eine Witwenrente beziehe?
- Mein verstorbener Mann war Beamter oder ich bin selbst Beamte, wie ist dann die Anrechnung?

Es gäbe noch so viel zu sagen und zu schreiben ...

Das Leben stellt uns immer wieder vor neue Herausforderungen und wir lernen nie aus. Dieser Ratgeber funktioniert nach dem Pareto-Prinzip, nachdem 80 % der Ergebnisse mit 20 % des Gesamtaufwandes erreicht werden. Das soll bedeuten, dass du nach dem Studium dieses Ratgebers mit 20 % des Aufwandes zu 80 % weißt, wie das finanzielle Leben nach dem Tod deines Partners oder Ex-Partners funktioniert. Die verbleibenden 20 % der ganzen Gesetze und Einzelheiten bei den Regelungen bei den Hinterbliebenenrenten erfordern mit 80 % des Gesamtaufwandes die meiste Arbeit.

Jetzt kannst du dir also erst einmal selbst gratulieren, dass du es geschafft hast! Du hast es geschafft, dich da durchzuwühlen, dich mit den vielen neuen Begriffen auseinanderzusetzen, und hast dabei so einiges gelernt. Herzlichen Glückwunsch dazu!

Die dringendsten und meistgestellten Fragen sind mit der Lektüre dieses Ratgebers erst einmal beantwortet und du kannst nun anfangen (oder weitermachen), dein neues finanzielles Leben als Witwe klug zu gestalten, zu steuern und schlussendlich auch wieder zu leben. Denn das geht, das kann ich dir aus eigener Erfahrung sagen.

Ich möchte an dieser Stelle auch vielen Menschen danken, die dazu beigetragen haben, dass dieses Buch überhaupt entstanden ist. Natürlich ist das allen voran der Verlag Wolters Kluwer Steuertipps, mit Benedikt Naglik und Patrick Ostkamp, die beide vom ersten Satz an an dieses Buch geglaubt haben, sowie Dr. Torsten Hahn, der direkt auf diesen positiven Zug aufgesprungen ist. Möglicherweise wird es zu einem späteren Zeitpunkt in Zusammenarbeit mit Wolters Kluwer Steuertipps noch Folgeversionen dieses Ratgebers geben, denn um alle Einzelheiten und jede Eventualität bei den Hinterbliebenenrenten zu erklären, braucht es deutlich mehr als nur einen einzigen Ratgeber!

Danken möchte ich auf jeden Fall auch Silke Wildner von www.gut-alleinerziehend.de, die nach unserer kleinen Zusammenarbeit für das Buch **»Alleinerziehend auf der sicheren Seite«** (ebenfalls erschienen bei Wolters Kluwer Steuertipps) den Kontakt zum Verlag überhaupt erst hergestellt hat. Ein extra großer Dank geht an Dirk R. Schuchardt, selbst Trauerredner, Trauernder, Referent und Autor, der mit seinen umfassenden Kenntnissen über die Rentengesetze geholfen hat, dass in diesem Buch keine Fehler auftauchen. Dirk hat mit viel Fleißarbeit Texte korrigiert und teils selbst verfasst, die mit in diesen Ratgeber eingeflossen sind. Meine liebe Mit-Betroffene Carolin Landwehr, die das Buch ebenfalls in vielen Stunden Korrektur gelesen und sehr viele wertvolle Tipps zur Verbesserung gegeben hat, sowie meine inzwischen gute Freundin und ebenfalls Mit-Betroffene Birgit Reimann, die ebenfalls die Sicht von Betroffenen in dieses Buch hat einfließen lassen, bekommen auch ein großes Dankeschön von mir für ihre stets vorhandene und unermüdliche Hilfe.

Ebenfalls danke ich auch sehr herzlich der Rechtsanwältin Anna Kiehl alias Henkelfrau, die auf meine Frage, ob sie mich bei diesem Buchprojekt mit ihrer juristischen Expertise unterstützen möchte, sofort begeistert zugesagt hat. Auch Michael Popp vom Sozialverband VdK Deutschland e.V., Referat Alterssicherung und gesetzliche Unfallversicherung, möchte ich meinen Dank für seine unermüdliche Hilfe und Auseinandersetzung mit dem Thema aussprechen. Ich bin so glücklich über diese Zusammenkünfte – vielen Dank an euch alle! Und natürlich möchte ich an dieser Stelle meinen Kindern danken, die mir die nötige Zeit geschenkt haben, dieses Buch zu schreiben, die ganzen Recherchen zu machen, und mich im Schreibprozess möglichst wenig gestört haben, damit ich die Sätze überhaupt zu Ende denken konnte. Meine Kinder haben viel auf mich verzichtet, und das rechne ich ihnen hoch an. Danke.

11 Quellenverzeichnis

Quelle 1 https://www.bertelsmann-stiftung.de/de/publikationen/publikation/did/wer-gewinnt-wer-verliert-2020

Quelle 2 https://www.bundesverfassungsgericht.de/SharedDocs/Entscheidungen/DE/1998/02/rs19980218_1bvr131886.html?nn=68080
speziell: Absatz III c) Zeile 51)

Quelle 3 https://de.statista.com/infografik/22075/einkommensunterschied-von-muettern-und-kinderlosen-frauen-in-deutschland/

Quelle 4 https://www.destatis.de/DE/Presse/Pressemitteilungen/2024/02/PD24_073_63991.html

Quelle 4a https://www.iwkoeln.de/studien/wido-geis-thoene-306000-betreuungsplaetze-fuer-unter-dreijaehrige-fehlen.html

Quelle 5 https://dejure.org/Drucksachen/Bundestag/BT-Drs._10/2677

Quelle 6 Petitionsausschuss Anlage 3 zum Protokoll 19/69
https://epetitionen.bundestag.de/petitionen/_2018/_10/_12/Petition_84749.abschlussbegruendungpdf.pdf

Quelle 7 https://www.deutschlandfunk.de/altersarmut-bei-frauen-was-bringt-die-rentenreform-100.html

Quelle 8 Petition 134633 Antwort
http://www.steuertipps.de/witwenrente

Quelle 9 Petition 127078 Antwort
http://www.steuertipps.de/witwenrente

Quelle 10 https://epetitionen.bundestag.de/petitionen/_2019/_09/_20/Petition_99488.abschlussbegruendungpdf.pdf

Quelle 11 https://www.bmfsfj.de/bmfsfj/themen/familie/familienleistungen/unterhaltsvorschuss/unterhaltsvorschuss-73558

Quelle 12 Änderungsantrag zur Wachstumsinitiative: Kabinettvorlage vom 4.9.2024
http://www.steuertipps.de/witwenrente

Quelle 13 Formulierungshilfe zum Änderungsantrag zur Wachstumsinitiative
http://www.steuertipps.de/witwenrente

Quelle 14 Petition 163066
https://epetitionen.bundestag.de/petitionen/_2024/_01/_31/Petition_163066.nc.html

Quelle 15 Arbeitshilfe Kaufpreisaufteilung
https://www.bundesfinanzministerium.de/Datenportal/Daten/frei-nutzbare-produkte/Anwendungen/Kaufpreisaufteilung-Grundstuecke/Kaufpreisaufteilung-Grundstuecke-Arbeitshilfe-Berechnung.html

Quelle 16 Lifehack Einkommensanrechnung
https://rvrecht.deutsche-rentenversicherung.de/SharedDocs/rvRecht/01_GRA_SGB/04_SGB_IV/pp_0001_25/gra_sgb004_p_0018d.html

12 Über die Autorin

Inga Krauss, geboren 1976 in Düsseldorf und aufgewachsen zwischen dem Ruhrgebiet und dem Rheinland, ist eine erfolgreiche Buchautorin, feministische Aktivistin und absolute **Expertin für finanzielle Themen** rund um die gesetzliche Hinterbliebenenrente. Nach dem Abitur absolvierte sie zunächst eine Ausbildung zur Pferdewirtin, bevor sie zur Bürokauffrau umschulte. 2002 zog die passionierte Skifahrerin der Liebe wegen ins Allgäu, wo sie später gemeinsam mit ihrem Ehemann in einer Patchworkfamilie lebte. Die zweifache Mutter wurde im Januar 2017 mit nur 40 Jahren zur alleinerziehenden Witwe.

Der Tod ihres Mannes veränderte ihr Leben grundlegend. Inga Krauss erwarb umfangreiche Kenntnisse zu Themen wie Hinterbliebenenrente, Steuern und einer grundlegenden Finanzplanung auch durch Immobilien. Ihr großer Gerechtigkeitssinn inspirierte sie dazu, noch im Herbst des Trauerjahres ihre Initiative »**Gerechte HinterbliebenenRente**« zu gründen. Der Facebook-Auftritt der Initiative ist heute die größte Plattform für finanzielle Fragen rund um den Tod und die Hinterbliebenenrente der gesetzlichen Rentenversicherung. Mit etwa 20 Petitionen setzt sich die unermüdliche Kämpferin auch politisch für eine bessere finanzielle Absicherung von (jungen) Hinterbliebenen ein.

Mitte 2022 launchte die engagierte Mutter die Webseite **www.verwitwet-alleinerziehend.de** als weitere Anlaufstelle für Betroffene. Auf ihrer Webseite bietet sie umfangreiche Informationen und auch verschiedenen Materialien zum Download - u.a. eine Berechnungshilfe zur Hinterbliebenenrente, die ein echter Mehrwert und ein Must-have für alle Hinterbliebenen ist. Für alle LeserInnen dieses Ratgebers gibt es unter Eingabe des Gutschein-Codes RATGEBER_ZWEI satte 40 % Rabatt.

Neuerdings bietet Inga Krauss auch ein Online Mentoring Programm an, in dem man von ihrem gesamten Wissen profitieren kann. Das Online-Mentoring-Programm ist nicht teuer, sondern kostet nur einen kleinen monatlichen Beitrag und ist monatlich kündbar.

Ihr erstes Buch »**Wenn der Tod dazwischenkommt – Von der Patchwork-Mama zur alleinerziehenden Witwe mit zwei Kindern**« kombiniert persönliche Erfahrungen mit hilfreichen Ratschlägen und Forderungen nach gesellschaftlichen Veränderungen. Die versierte Autorin wurde im Schreibprozess von **Bestsellerautorin Hera Lind** unterstützt und das Buch aufgrund der Bedeutsamkeit für Betroffene von der **Stiftung Alltagsheld:innen – gemeinnützige Stiftung für die Rechte von Alleinerziehenden** gefördert.

Als stellvertretende Vorsitzende des Landesverbands Alleinerziehender Mütter und Väter Baden-Württemberg (VAMV) und gefragte Speakerin bringt Inga Krauss die Tabu-Themen Tod, Finanzen und (junge) Verwitwung in die Öffentlichkeit und ist auch in verschiedensten Podcast-Formaten zu hören. 2022 traf sie Bundeskanzler Olaf Scholz beim KanzlerGESPRÄCH in Essen. Zudem ist die leidenschaftliche Idealistin eine der Protagonistinnen des dokumentarischen Kinofilms über Alleinerziehende »**Die Solisten**«, der voraussichtlich 2026 Premiere feiert.

Index

K

L

M

N

P

R

S

T